国立歴史民俗博物館研究叢書1

弥生時代って,どんな時代だったのか?

藤尾慎一郎［編］

朝倉書店

編集者

藤尾 慎一郎（ふじお しんいちろう）	国立歴史民俗博物館研究部

執筆者

藤尾 慎一郎（ふじお しんいちろう）	国立歴史民俗博物館研究部
山田 康弘（やまだ やすひろ）	国立歴史民俗博物館研究部
松木 武彦（まつぎ たけひこ）	国立歴史民俗博物館研究部
吉田 広（よしだ ひろし）	愛媛大学ミュージアム
高瀬 克範（たかせ かつのり）	北海道大学大学院文学研究科
上野 祥史（うえの よしふみ）	国立歴史民俗博物館研究部

（執筆順）

口絵1 島根県堀部第1遺跡（前7〜前5世紀）の列状配置墓地
松江市教育委員会所蔵．

口絵2 最古の鉄器．愛媛県大久保遺跡出土（前4世紀）
複製品：国立歴史民俗博物館所蔵．愛媛県埋蔵文化財センターの許可を得て掲載．

口絵3　密集する建物群．岡山県矢部南向遺跡（後1〜3世紀）
岡山県古代吉備文化財センター収蔵．

口絵4　人口増加を反映する密集した共同墓地．岡山県前山遺跡（後1〜2世紀）
岡山県古代吉備文化財センター収蔵．

口絵 5 最古の有力者の副葬品．福岡市雑餉隈遺跡出土（前 9 世紀）
復原複製品：国立歴史民俗博物館所蔵，原品：福岡市埋蔵文化財センター所蔵．

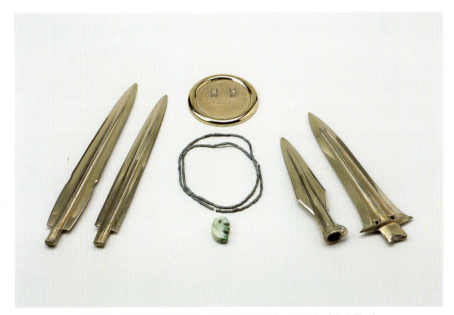

口絵 6 最古の王の副葬品．福岡市吉武高木遺跡出土（前 4 世紀）
復原複製品：国立歴史民俗博物館所蔵，原品：国（文化庁）所蔵．

鹿角製槍先	鯨骨製槍先	鹿角製銛先	矢尻装着銛先	離頭銛	単式釣針	複合釣針
A-563-16	A-563-1	A-563-12	A-563-10	A-563-11	A-563-13	A-563-14
長さ 21.4,	長さ 19.5,	長さ 16.6,	法量不明	長さ 11.2,	長さ 8.5,	針先の長さ
幅 1.9,	幅 2.1,	幅 2.0,		幅 1.7 cm	幅 2.8,	5.9 cm
厚さ 1.4 cm	厚さ 1.6 cm	厚さ 0.7 cm			厚さ 0.7 cm	

口絵7　続縄文文化の骨角製漁具．北海道有珠モシリ遺跡出土
複製品：国立歴史民俗博物館所蔵，原品：国（文化庁）所蔵，伊達市教育委員会保管．

口絵8　弥生時代の鏡と古墳時代の鏡
左：異体字銘帯鏡（面径 14.9cm）．山口県地蔵堂遺跡出土
　　国立歴史民俗博物館所蔵．
右：景初三年銘三角縁神獣鏡（面径 22.8cm）．島根県神原神社古墳出土
　　複製品：国立歴史民俗博物館所蔵，原品：国（文化庁）所蔵．

『国立歴史民俗博物館研究叢書』
刊行のことば

　国立歴史民俗博物館（以下，歴博）は，日本の歴史と文化を総合的に研究する大学共同利用機関ですが，歴史資料を収蔵し，研究成果を歴史展示というかたちで公表する博物館機能をも有しています．その特徴は，歴史学，考古学，民俗学および分析科学を加えた関連諸科学による文理連携型の学際協業によって，最先端の歴史研究を開拓し推進するところにあります．そして，「歴博といえば共同研究」と研究者間で言われるように，1981（昭和56）年の機関設置以来一貫して，館内研究者はもとより多数の国内外の大学・研究機関などに所属する研究者と一緒に共同研究プロジェクトを組織して研究を進め，博物館機能を用いて，その研究過程・成果を可視化し，研究課題を高度化することで，学界コミュニティに貢献してまいりました．

　たとえば，創設初期の1980～90年代は，外部の有識者による基幹研究検討委員会を設け，基層信仰，都市，環境，戦争などの大テーマを選定したうえで，実証的な研究を組織的に推進することによって学界をリードしてきました．2004（平成16）年の法人化後は，博物館を有する研究機関としての特性をさらにはっきりと活かすために，研究，資料，展示の循環を重視した「博物館型研究統合」という理念のもとに広義の歴史研究を推進するというミッションを定めました．そして，総合展示のリニューアルを構築するための学問的基盤作りなどを行なう基幹研究を新しく共同研究のテーマに加えることにいたしました．

　このように共同研究の課題は，それぞれの時代の学問的要請と外部の有識者の意見を踏まえて選択してきたのですが，共同研究の成果を広く発信・公開しようという姿勢は一貫して変わることなく，『国立歴史民俗博物館研究報告』特集号（以下『研究報告』）に集約して発表してまいりました．これらは，各研究分野の主要な学会誌の研究動向においても取り上げられ，一定の評価を受けてきております．

　しかし，共同研究の最新の研究成果が集約されているこの『研究報告』は，専

門の研究者向けといった性格が強く，これから研究を始めようという大学院生・学生や日本の歴史と文化に関心をもつ一般の読者が手にとる機会は，残念ながら決して多いとは言えません．

　現在，大学および大学共同利用機関においては，とくに人文科学分野の研究の可視化，研究成果の社会還元が強く求められています．そこで，第 2 期中期計画期間（2010～15 年）内に推進された共同研究のなかから 6 件を選び，その後の研究成果を反映させるとともに，研究史全体での位置づけを明確にするということを意識して執筆を行ない，ここにあらためて『国立歴史民俗博物館研究叢書』として刊行する運びになりました．さらに，冒頭には，研究代表者による総論を設け，そこでは，それぞれ 3 年間におよぶ共同研究の成果の要点が読者に明確に伝わるようにいたしました．

　本叢書は，朝倉書店の理解と協力を得て，第 3 期中期目標・中期計画期間の第一年目に当たる 2016 年度より刊行が実現することとなりましたが，歴博の創設に当たって学際協業による新しい歴史学の創成をめざした井上光貞初代館長の構想のなかには，すでにこのような研究叢書の刊行が含まれていたと伝えられています．創設三十周年を経た今，この本館設立時の初心に立ち帰り，本研究叢書の刊行に取り組みたいと思います．そして，本館の共同研究の水準を，あらためて広く社会に示すことで，研究史上の意義を再確認するとともに，新たな研究課題の発見に結びつけ，今後の共同研究として展開していく所存です．

　読者のみなさまの忌憚のないご批判とご教示を賜りますよう，お願いいたします．

2017 年 2 月吉日

　　　　　　　　　　　　　　　　　国立歴史民俗博物館 館長　　久留島　　浩

はしがき

　日本の水田稲作が紀元前10世紀に始まったという説を国立歴史民俗博物館（以下，歴博）が発表してから14年の歳月が流れた．この間，水田稲作の始まりが500年さかのぼると，何が変わるのかをめぐってさまざまな研究が行なわれてきたが，そのほとんどは私も含めて，弥生時代の始まりを500年引き上げるとともに，「イネと鉄」の文化という弥生文化のイメージを「イネと石器」の文化へ変更する方向で議論を行なってきた．

　しかし実は「イネと鉄」の弥生文化というイメージを変えずに，弥生時代の始まりを鉄器が出現する前期末以降へと引き下げる考え方も示されていたことはあまり知られていない．そのなかの一つとして早くも2004年には森岡秀人が弥生中期を「真性弥生時代」として独立させ，前期以前や後期以降は縄文や古墳との過渡期として位置づける考えを示している．

　こうした問題は弥生の始まりだけの問題ではなく縄文の始まりでも同じ現象が起きている．土器の出現と定住の始まりがほぼ一致していた段階には問題にならなかったが，土器の出現が最終氷期までさかのぼることで時間差が生じると，土器の出現にあわせて縄文の始まりを引き上げるか，定住が始まる縄文早期末まで引き下げるか，といった議論である．

　弥生に話を戻すと，小林行雄の弥生時代・文化の定義は，弥生式土器が使用されていた時代・文化であり，その主な要素は稲作農耕や金属器使用の始まりであった．また佐原真の定義は食糧生産に基盤をおく社会の成立から，灌漑を伴う本格的な水田稲作が始まった時代・文化に変わったものの，小林，佐原の定義に共通するのはいずれも稲作，金属器，弥生土器の同時出現，そして縄文晩期になにがしかの穀物栽培の存在を想定していることである．

　しかし灌漑を伴う本格的な水田稲作が始まってから600年たたないと金属器が出現しないこと，レプリカ法による調査の結果，突帯文土器以前に穀物がさかのぼらないことが明らかになった現在では，小林や佐原の定義の前提自体が成り立たなくなったと言えるのではないだろうか．

　そこで私が注目するのは新石器時代との関係である．そもそも佐原の弥生の定

義がチャイルドの新石器革命を念頭に提案されたものであることはよく知られている．私もかつて，極東の中緯度森林地帯において後氷期適応を行なった人びとを新石器文化東アジア類型，縄文文化をそのなかの日本列島という島嶼部に限定された森林性文化としてとらえたことがある．もちろん当時は縄文後・晩期農耕が存在した可能性が高いと考えられていた頃なので，後・晩期の生業活動のなかに穀物栽培を認めたうえでの定義であった．

しかし，現在は，紀元前10世紀後半に突然，灌漑を伴う水田稲作が始まり，大陸系磨製石器が現れ，戦いや環濠集落が出現するなど，金属器が出現する前4世紀までの約600年間こそ，まさに食料採集段階の森林性新石器文化日本列島類型から食料生産段階の新石器文化への転換ととらえることも可能になったのである．森岡も，前期末以降については金属器の使用・製作・生産を指標とする「後出の弥生社会」としてそれ以前とは歴史的に大きく分離して，それ以前を東アジアで遅くまで残ってきた新石器文化をほぼ完全に払拭した姿として新たに再評価すべきだと述べている．

さらに前期末以降を利器を指標に定義すると九州北部でさえも石庖丁を含めて完全に鉄器化する古墳前期以前は，初期鉄器時代といえる．中期初頭には最古の王墓とされる福岡市吉武高木遺跡も出現するため，朝鮮半島諸地域の社会動態と連動しながら政治的社会形成の動きが始まった段階といえよう．青銅器をシンボルとする広域祭祀が始まることも忘れてはならない．こうして利根川以西の地域は，前期末から前方後円墳が出現するまでの間，一つの段階として括ることが可能となる．

課題は利根川以北の水田・畑作地帯である．イネ・アワ・キビなど穀物栽培の開始をもって各地が新石器文化段階に入ることはよいとしても，関東東部や東北中・南部が政治的社会形成への動きをみせた形跡は古墳の成立を待たざるを得ない．東北北部に至っては中期後葉以降，農耕も行なわなくなり，森林性新石器文化へ戻ってしまう．しかし，河川・漁撈への傾斜などが明瞭にみられないため，北海道の続縄文文化の範疇でとらえられないことは石川のいうとおりである．

水田稲作が前5～前4世紀に始まると考えていた頃までは，弥生文化といえばイネと鉄の文化であった．しかし，水田稲作と鉄の出現に600年もの差が認められるいまとなっては，「イネ」の弥生文化として前10世紀から弥生時代とするのか，弥生文化はあくまでも「イネと鉄」の文化として前4世紀から弥生時代とするのか．はたまた，食料生産の新石器時代と初期鉄器時代といったまったく新し

い概念で区別するのか，私たちは議論を本格化させなければならない時期にきているといえよう．

2017 年 2 月

藤尾慎一郎

目　　次

序章　弥生時代像の再構築……………………………………［藤尾慎一郎］… 1
　研究史上の意義……………………………………………………………… 2
　本書の構成………………………………………………………………… 3
　　（1）　弥生土器の存続幅と弥生の人口・むら・まち……………………… 3
　　（2）　タテ（時間軸）の枠組み……………………………………………… 4
　　（3）　ヨコ（空間）の枠組み………………………………………………… 6
　　（4）　弥生文化の金属器……………………………………………………… 6

第1章　縄文から弥生へ…………………………………………［山田康弘］… 9
　1.1　縄文・弥生という時代区分の成り立ち………………………………… 9
　　（1）　日本独自の縄文・弥生時代…………………………………………… 9
　　（2）　縄文・弥生時代という概念の成り立ち……………………………… 10
　1.2　食料生産の有無によって縄文時代と弥生時代は区分できるか……… 12
　　（1）　縄文時代における「農耕」の問題…………………………………… 12
　　（2）　灌漑水田稲作の導入と縄文的世界観の変化………………………… 14
　　（3）　時代区分の指標としての灌漑水田稲作……………………………… 15
　1.3　弥生文化の分割・解体…………………………………………………… 16
　　（1）　灌漑水田稲作を放棄した地域………………………………………… 16
　　（2）　灌漑水田稲作が遅れて導入された地域……………………………… 18
　　（3）　弥生文化の解体と脱構築……………………………………………… 19
　1.4　「弥生化」のプロセス…………………………………………………… 21
　　（1）　典型的な移行モデルとしての山陰地方……………………………… 21
　　（2）　縄文時代と弥生時代における差……………………………………… 21
　　（3）　山陰地方における弥生化のプロセス………………………………… 25
　1.5　「弥生化」プロセスにみられる相克と葛藤…………………………… 27
　　（1）　島根県松江市堀部第1遺跡における墓地構造……………………… 27
　　（2）　沖丈遺跡における墓地構造…………………………………………… 30

(3)　各遺跡にみる縄文的要素と弥生的要素 …………………………………31

第2章　むら，まち，人口 ………………………………［松木武彦］… 37
　2.1　岡山平野における人口と社会の変化 …………………………………………38
　　　(1)　地理的・歴史的環境 …………………………………………………………38
　　　(2)　弥生時代前期（紀元前8～紀元前5世紀） ………………………………39
　　　(3)　弥生時代中期前葉～中葉（紀元前4～紀元前3世紀） …………………43
　　　(4)　弥生時代中期後葉（紀元前2～紀元前1世紀） …………………………44
　　　(5)　弥生時代後期（紀元後1～2世紀） ………………………………………45
　　　(6)　弥生-古墳移行期（紀元後3世紀） …………………………………………46
　2.2　人口と弥生時代社会の変化 ……………………………………………………50
　　　(1)　少ない人口と緩慢な変化（弥生時代前期） ………………………………50
　　　(2)　人口の急増と変化の促進（弥生時代中期） ………………………………51
　　　(3)　人口の不均等化と流動化（弥生時代後期） ………………………………52
　　　(4)　新社会の構築―「まち」と古墳の出現―（弥生-古墳移行期） …………52
　　　(5)　人工物型式のあり方からみた弥生-古墳移行期 …………………………55

第3章　金属器との出会い ………………………………［藤尾慎一郎］… 59
　3.1　弥生短期編年における鉄史観 …………………………………………………60
　3.2　弥生文化と鉄をめぐる研究史 …………………………………………………61
　　　(1)　弥生文化の三大要素の一つである鉄 ………………………………………61
　　　(2)　縄文時代の鉄器の発見 ………………………………………………………62
　　　(3)　水田稲作前10世紀開始説の衝撃 …………………………………………63
　　　(4)　楚の鉄から燕の鉄へ …………………………………………………………64
　　　(5)　弥生人の鉄器製作 ……………………………………………………………64
　　　(6)　鉄器の普及と古墳時代の始まり ……………………………………………65
　　　(7)　鉄からみた弥生時代 …………………………………………………………65
　3.3　鉄の種類と工程 …………………………………………………………………66
　　　(1)　鉄の種類 ………………………………………………………………………66
　　　(2)　中国の鉄の歴史 ………………………………………………………………66
　　　(3)　朝鮮半島の鉄 …………………………………………………………………68
　　　(4)　鉄ができるまでの工程 ………………………………………………………69

3.4 　金属器との出会い1―青銅器，前8世紀……………………………………70
3.5 　金属器との出会い2―鉄器，前4世紀………………………………………71
3.6 　鉄器製作1―石器作りの要領で作り始める，前4世紀……………………73
3.7 　青銅器製作―鋳造の始まり，前3世紀………………………………………75
3.8 　鉄器製作2―火を用いた鉄器作り（鍛冶）の始まり，前2世紀…………77
　　（1）　鍛冶の始まり……………………………………………………………77
　　（2）　鍛冶炉の構造と工程……………………………………………………79
　　（3）　紀元後の西日本で行なわれていた鉄器製作…………………………79

第4章　青銅器のまつり………………………………………………［吉田　広］…88
4.1 　弥生青銅器文化の前段…………………………………………………………89
　　（1）　小型転用青銅器…………………………………………………………89
　　（2）　弥生時代前期青銅器文化の可能性……………………………………90
　　（3）　武器形石製品の登場……………………………………………………90
4.2 　青銅器の登場と受容……………………………………………………………90
　　（1）　武器形青銅器の登場……………………………………………………91
　　（2）　銅鐸の登場………………………………………………………………92
　　（3）　青銅器登場の二相………………………………………………………92
4.3 　弥生青銅器の祭器化……………………………………………………………94
　　（1）　武器形青銅器の変容……………………………………………………94
　　（2）　武器形青銅器と銅鐸の志向性…………………………………………97
4.4 　青銅器模倣品の展開……………………………………………………………99
　　（1）　各青銅器の模倣…………………………………………………………99
　　（2）　青銅器模倣の地域的展開………………………………………………100
　　（3）　青銅器模倣の特性………………………………………………………102
4.5 　地域型青銅器の確立……………………………………………………………103
　　（1）　地域型青銅器の分布……………………………………………………103
　　（2）　地域型青銅器と弥生社会………………………………………………104
4.6 　弥生青銅器祭祀の終焉…………………………………………………………107
　　（1）　大型青銅祭器の分布……………………………………………………108
　　（2）　対馬の青銅器……………………………………………………………108
　　（3）　各種小型青銅器の登場…………………………………………………109

（4）　弥生青銅祭器の系譜 …………………………………………… 110

第5章　弥生文化の北の隣人―続縄文文化― ……………… ［高瀬克範］… 114
5.1　「続縄文」は縄文の継続か，縄文に続く文化か …………………… 114
5.2　縄文から続縄文への変化 ………………………………………… 115
　　（1）　資源利用 ………………………………………………………… 115
　　（2）　土地利用 ………………………………………………………… 119
5.3　弥生文化との関係 ………………………………………………… 122
　　（1）　続縄文文化前半の物資交換 …………………………………… 122
　　（2）　交流のルート …………………………………………………… 123
　　（3）　続縄文文化後半の物資交換 …………………………………… 125
　　（4）　弥生文化から続縄文文化へ …………………………………… 126
5.4　続縄文文化と北端の弥生文化の歴史的意義 …………………… 128
　　（1）　社会の性格の違い ……………………………………………… 128
　　（2）　固定観念の相対化 ……………………………………………… 132
　　（3）　現代社会への提言 ……………………………………………… 133

コラム　弥生文化と貝塚後期文化 ……………………………… ［藤尾慎一郎］… 137
1　貝の道以前 ………………………………………………………… 137
　　（1）　弥生文化との接触をものがたる証拠 ………………………… 137
　　（2）　背景にあるもの ………………………………………………… 139
2　貝の道の成立―南海産貝交易の開始― ………………………… 140
　　（1）　南海産貝交易の実態 …………………………………………… 140
　　（2）　入手した文物 …………………………………………………… 143
　　（3）　交易の担い手たちの交代 ……………………………………… 144
3　続縄文文化と貝塚後期文化 ……………………………………… 144
　　（1）　副葬制の有無 …………………………………………………… 145
　　（2）　交易対象者としての水田稲作民の違い ……………………… 145

第6章　弥生時代から古墳時代へ―時代を越えた鏡の視点― …［上野祥史］… 147
6.1　弥生時代と古墳時代 ……………………………………………… 147
6.2　鏡と倭人社会 ……………………………………………………… 149

6.3　画期の鏡 …………………………………………………………… 152
6.4　紐帯と区分という視点 …………………………………………… 157
6.5　集団と個人 ………………………………………………………… 159
6.6　あらためて評価した画期 ………………………………………… 161

事項索引 …………………………………………………………………… 165
遺跡名索引 ………………………………………………………………… 169

序章　弥生時代像の再構築

藤尾慎一郎

　本書は国立歴史民俗博物館（以下，歴博）が2009（平成21）年から3年間にわたって行なった歴博基幹研究「農耕社会の成立と展開」の研究成果報告書である『国立歴史民俗博物館研究報告』第185集―農耕社会の成立と展開―，2014年3月刊行，のなかから，弥生時代・文化の縦と横の枠組みである時間と空間という枠組みと，弥生時代の人口とむら，まち，そして鉄器を用いた暮らしと青銅器を用いたまつりに関するテーマを選び，その後の新しい知見も加えて，一般向けにわかりやすく書き改めたものである．

　2003（平成15）年に歴博の年代研究グループが発表した水田稲作開始年代500年遡上説と，その後の一連の研究の結果，弥生時代は紀元前10世紀に始まり，最古の定型化した前方後円墳である箸墓古墳が築造される紀元後3世紀中頃までの約1200年間，続いたことが明らかになった．

　本研究グループはさらなるデータ収集と研究の深化を目的として，文部科学省学術創成研究「弥生農耕の起源と東アジア」を採り，平成16〜平成21年の6年間にわたり，延べ1万点もの試料の炭素14年代測定を行なった．その結果，箸墓古墳が紀元後240〜260年の間に築造された可能性や，宇治市街遺跡の測定結果から，須恵器の生産が4世紀末には始まっていた可能性を指摘するなど，弥生時代と古墳時代に関する数々の歴史的エポックに関する較正暦年代を発表した．

　こうした研究成果は，その都度，数々の企画展において可視化し，研究者だけではなく社会や市民に公開した．2003（平成15）年「歴史を探るサイエンス」，2004（平成16）年「歴博プロムナード」，「水辺と森の縄文人」，2005（平成17）年「縄文vs弥生」（国立科学博物館と共催），2007（平成19）年「弥生はいつから!?」，2009（平成21）年「縄文はいつから!?」，2014（平成26）年「弥生ってなに?!」．そして，いま，2018（平成30）年度末のオープンを目指して，歴博総合展示第1室「原始・古代」に反映すべく準備を進めている．

こうした企画展の学問的基盤となっているのが，歴博の共同研究である．弥生時代に関する共同研究は，2003年の500年遡上説の発表後，まず，2005（平成17）年から，弥生人の生活や生活の拠点となった集落に関する共同研究「縄文・弥生集落遺跡の集成的研究」（藤尾研究代表）を行ない，2009（平成21）年に成果報告書『国立歴史民俗博物館研究報告』第149集を刊行した．

そして次に行なったのが本書に収めた共同研究であり，紀元前10世紀に始まった弥生時代が1200年間も続いたことの意味を総合的に考えるために，内外の研究者21名を集めて2009（平成21）年から開始したのである．

研究史上の意義

大きく二つあげることができる．

まず本研究は，弥生時代が約1200年もの間つづいたという弥生長期編年に基づいたはじめての総合的な共同研究である点である．現在の高校の教科書には，紀元前5〜前4世紀に始まって，後3世紀に終わる，約700年続いたという弥生短期編年に基づいた弥生時代として記述されている．本共同研究は，金属器（青銅器・鉄器），集落，墓，まつり，弥生文化に隣接する諸文化（朝鮮半島青銅器文化，北海道の続縄文文化，奄美・沖縄の貝塚後期文化）などを対象に，弥生長期編年で考えた場合に弥生時代観がどのように変わるのか，または変わらないのか，について考えることを目的として行ない，その結果，新しい弥生時代像を構築することを目指した．

次に，記述が較正暦年代で行なわれることで，弥生時代が歴史になった点である．これまでは「弥生前期初頭には」とか，「弥生中期一杯続いた」とか，相対的な用語によって記述されていたが，本書では，前9世紀後半に日本ではじめての戦いが始まり，とか，約400年続いたむら，といったように，具体的な数字で記述したのである．

たとえば，あるむらで，明治時代100軒，大正時代100軒，昭和時代100軒の住居跡が見つかったとしよう．これでは，どの時代も同じ数の住居が造られたむら，という評価になる．ところが，明治は45年，大正は15年，昭和は64年，続いているので，見つかった軒数は同じであっても，15年しか続いていない大正時代の住居が，いかに短期間に建てられたのかがわかる．これまで何年続いたのか正確な年数がわからなかった弥生時代前期，中期，後期という相対年代ではでき

なかった評価が可能となった．弥生時代の歴史叙述が可能になったのである．

本書の構成

(1) 弥生土器の存続幅と弥生の人口・むら・まち

　水田稲作の始まりが500年もさかのぼり弥生時代が1200年間も続いたことが明らかになった当初は，水田稲作が列島全体になかなか広がらなかったことや，鉄器の出現が水田稲作の始まりと同時ではなかったことなどに関心が集まった．
　しかし，弥生長期編年の本質はそこにあるのではない．時代観を最も大きく変えることになった要因は，日本の弥生研究者が弥生時代を考える際の基本としていた土器型式の存続幅に対する認識を大幅に変えなければならなくなったことである．
　AMS（accelerated mass spectrometry）-炭素14年代測定を導入する前の弥生時代研究は，土器型式と呼ばれる分類単位を根拠に時期を決めていた．土器型式はある時期のある地域に共通して存在する分類単位なので，ある地域において同じ土器型式が見つかった住居跡やお墓は同じ時期と考えるし，同じ住居跡から地元の土器型式と地域を異にする土器型式が共伴して見つかれば，二つの地域を異にする土器型式は同じ時期と考える．
　さらにこれまで土器型式一つの存続幅は約25～30年で，弥生土器の場合はどの土器型式もすべて25～30年ぐらい存続すると仮定していた．これを土器型式の「均等存続幅」という．弥生土器の研究が始まった当初，均等存続幅はあくまでも仮定であったのが，いつのまにか仮定ではなくなっていたのである．
　ところがAMS-炭素14年代測定の導入はこの仮定を突き崩した．つまり現在では，九州北部の土器型式は，最も存続幅の短い前期末の30年から最も長い前期後半の170年まで，その差は約6倍にも及んでいる．これを「不均等存続幅」という．
　この影響を最も受けたのが弥生集落論や墓地論といった社会構成論である．同時に存在していた住居跡やお墓の数を大前提に当時の人口や集団の規模を推定する社会構成論は，これまで土器一型式の存続幅が25～30年の均等存続幅を前提に，同じ土器型式に属する住居跡や墓跡は同時に存在していたと仮定して論を進めてきた．住居の耐用年数とほぼ一致していたからである．
　ところが，不均等存続幅では，さすがに一型式が170年の土器型式に比定され

た土器が，複数の住居跡や墓跡から見つかったからといって，即同時併存とはいいがたい．住居の耐用年数はせいぜい 17〜30 年なので，170 年間のどこかにしか存在しないからである．170 年というと江戸時代末から現在までの時間に相当するので，同じ土器型式だからといって同時に存在したとは必ずしもいえないことはおわかりであろう．こうした前提を踏まえて，弥生時代の集落と人口の推移について岡山を舞台に議論したのが第 2 章の松木武彦論文である．果たして弥生長期編年のもとで描かれる社会構成論，人口論とはどのようなものであろうか．

(2) タテ（時間軸）の枠組み

何世紀から何世紀までを弥生時代と考えるのか，という問題を考えるには，本来，弥生時代とは何かという定義から始めなければならないが，本書では，水田稲作の開始から定型化した前方後円墳である箸墓古墳が出現するまでを弥生時代と仮定して，前 10 世紀後半から後 3 世紀中頃までの約 1200 年間続いたと考える（図 1）．

本書の地域設定は北海道から沖縄までの日本列島全体とする．前 10 世紀後半に九州北部で始まった水田稲作が広がるまでは，各地において縄文晩期文化が続いている．前 4 世紀に入ると東北北部で水田稲作が始まり，水田稲作を採用しない北海道では続縄文文化が始まる．同じく水田稲作を採用しない奄美・沖縄は，前 10〜前 7 世紀のどこかで貝塚後期文化が始まる．厳密にいうと水田稲作を行なわない北海道と奄美・沖縄を弥生時代という設定に組み込めるのか？　という問題のあることは承知しているが，ここではこれ以上，ふみこまない．

前 3 世紀頃，中部・南関東で水田稲作が始まることで，ついに本州・四国・九州の全域で水田稲作が行なわれるようになり，縄文晩期文化は姿を消す．

佐原真は弥生時代の文化を弥生文化と定義したが（佐原，1975），本書では弥生時代に少なくとも三つの文化があると考えている．弥生文化，続縄文文化，貝塚後期文化である．さらに，東北北部で水田稲作を行なう人たちの文化も編者は弥生文化に含めることに疑問をもっているので，それを加えれば四つになる．この問題は別稿（藤尾，2013）で取り上げているので，そちらを参照してほしい．

本書では，先行する縄文時代から弥生時代への転換を第 1 章で山田康弘が，後行する弥生時代から古墳時代への転換は第 6 章で上野祥史が担当する．

弥生時代を前後の時代と画する最も重要な指標は先に述べた水田稲作と定型化した前方後円墳であるが，実際には複数の要素が少しずつ変化していき，ある時

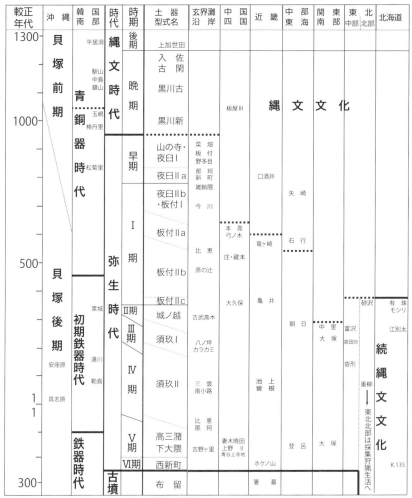

図1 弥生長期編年年表

点で次の時代へと転換するのが実態である．それは水田稲作や前方後円墳自体にもいえるが，本書ではそれ以外の要素も含めて検討している．ここに示された見解は，時代区分に関する歴博の公式見解ととらえていただいてよい．

(3) ヨコ（空間）の枠組み

日本列島の各地を水田稲作への取り組み方で大局的に眺めれば三つに分けることができる．一つは水田稲作をいったん始めたら止めることなく，古墳時代へ移行する東北中部から九州南部までの地域，二つめは水田稲作を始めるものの途中で止めてしまい，古墳も造らない東北北部，そして三つめが水田稲作を行なわずに東北や九州の水田稲作民と海でとれる特産物を交換して，コメや鉄などの必要な物を入手していた北海道の続縄文文化と奄美・沖縄の貝塚後期文化の人びとである．

このように水田稲作の採否や継続性などを指標に，前10世紀から後3世紀までの日本列島各地の人びとはさまざまな対応を見せる．水田稲作を採用しなかった続縄文文化と貝塚後期文化の間にも，副葬品を持つ有力者が現れる続縄文文化と現れない貝塚後期文化との違いはどこにあるのか？　などを含めて，続縄文文化と弥生文化の関係を第5章で高瀬克範が，貝塚後期文化と弥生文化との関係を藤尾がコラムで取り上げる．

(4) 弥生文化の金属器

弥生文化の二大金属器といえば青銅器と鉄器である．弥生短期編年では，両方とも水田稲作とほぼ同時に現れ，その後150年ぐらいたってから，鉄器は利器として，青銅器は武器やまつりの道具として本格的に使われるようになると説明されてきた．しかし水田稲作が前10世紀後半に始まっていたとなると，鉄器が現れるのは水田稲作が始まってから約600年後となり，いわゆる「稲と鉄の弥生文化」という慣用句は，後半の約600年にしか当てはまらないことになる．

しかも当初の鉄器の利用は中国東北部にあった燕という国の製品である鋳造鉄斧の破片の割れ口を石器製作の要領で研ぎ，刃をつけた再加工品を作り，ノミとして木製品の細部加工を行なった程度と考えられている．鉄器が鎌や鍬先などの農具として使われるようになるのは前3世紀以降で，しかも九州や山陰・中国山地などの地域に限られる．最初に前方後円墳が成立する近畿中枢部では中期中葉以降，鉄器が使われていたことは確実だが，3世紀を過ぎるまで見つかる鉄器は限られている．

近畿中枢部による鉄の掌握が，前方後円墳成立の生産基盤になるという従来の図式は成り立たない．こうした弥生時代の鉄器の諸問題について藤尾が報告する．

青銅器が本格的に使われるようになるのも水田稲作が始まってからほぼ600年

後で，鉄器が現れる時期とほとんど変わらない．武器型（剣・矛(ほこ)・戈(か)）と鈴型（銅鐸(どうたく)）が主な青銅器で当初は本来の目的で使われていたが，わりとすぐに日本列島内で作られるようになり，次第に大型化して弥生独自の機能をもつ青銅器となっていく．

やがて青銅器は基本的に天竜川と北陸を結ぶ線より西側の地域において儀器化していき，特定の青銅器をシンボルとするいくつかの地域圏にブロック化する．倭国乱(わこくらん)後の卑弥呼(ひみこ)の擁立を契機に，武器型や鈴型の青銅器をシンボルとする祭儀は姿を消し，やがて武器形由来の形の美と，銅鐸由来の文様の美を合わせ持つ鏡を至高の青銅器とする前期前方後円墳体制が成立する．こうした青銅器を使ったまつりの変遷とその意味について，第4章で吉田広が報告する．

まとめ

水田稲作の開始年代は，1960年代の紀元前3世紀に始まり，1978年の板付(いたづけ)縄文水田の発見を受けて紀元前5～前4世紀に上がり，そしてAMS-炭素14年代測定の結果，紀元前10世紀後半までさかのぼった．

もちろん学界全体が紀元前10世紀後半説を認めているわけではないが，確実なのは前5～前4世紀よりは古いことである．前600年説（武末純一）や歴博説まではさかのぼらないという，前8世紀説を主張する研究者もいる（甲元眞之，宮本一夫，石川日出志）．こういった差はどうして現れるのかといえば，炭素14年代はとりあえずおいておいて，現在見つかっている考古資料から水田稲作の開始年代を求める立場と，炭素14年代も含めて総合的に考える立場があるからである．前者は，いわば現状論なので，新しい発見があればさかのぼる可能性はある．現に彼らがよりどころとする遼寧(りょうねい)式銅剣の上限年代は，遼東(りょうとう)起源説を採れば前10世紀後半までさかのぼるからである．

一方，炭素14年代を根拠とする前10世紀後半説も年代が動く可能性がないとは言えない．たとえば山ノ寺式・夜臼(ゆうす)I式以前の水田が見つかった場合である．そのときは，土器に付着した炭化物のAMS-炭素14年代測定を実施して，新たな較正暦年代を粛々と求めるだけである．

水田稲作開始年代と並んで論争になっているのが前期末の年代である．前者が中国考古学を舞台に議論されるのに対して，前期末の年代は朝鮮考古学や日本考古学を舞台とするため，より多くの研究者が見解を示している．

歴博が主張する前380年説は，炭素14年代測定に基づく統計処理によるもの

で，春成秀爾（2003），石川岳彦（2015）や小林青樹らの中国における考古学的な金属器研究からも賛同を得ている．対するのが前300年説で甲元眞之，宮本一夫，石川日出志らが主な論客である．

　最近，前380年説を補強する資料が出た．奈良県中西遺跡で見つかった前期末の水田は洪水による土砂で覆われていたが，そのなかに立木もあった．この立木を酸素同位体比年輪年代法で測定したところ，歴博の前380年という前期末の開始年代を裏づける年代の出たことがわかっている．

　現在，総合地球環境学研究所の中塚武と歴博では，山ノ寺式・夜臼Ⅰ式の水田関連遺跡から出土した木材の酸素同位体比を測定中なので，結果が出次第，報告する予定である．

参考文献

石川岳彦（2015）春秋戦国時代の燕国と遼寧地域に関する考古学的研究．東京大学大学院博士学位請求論文．
佐原　真（1975）農業の開始と階級社会の形成（岩波講座日本歴史1），pp.114-182，岩波書店．
春成秀爾（2003）弥生早・前期の鉄器問題．考古学研究，50巻3号，pp.11-17，考古学研究会．
藤尾慎一郎（2013）弥生文化の輪郭―灌漑式水田稲作は弥生文化の指標なのか―．国立歴史民俗博物館研究報告，第178集，pp.85-120．

第1章 縄文から弥生へ

山田康弘

　本章は,『国立歴史民俗博物館研究報告』第185集における山田論文「山陰地方における弥生時代前期の墓地構造―墓制からみた縄文／弥生の様相―」(山田,2014a) を一般向けに書き改めたものである．しかしながら,上記論文の内容が山陰地方における墓地分析に特化したものであったため,論文執筆の前段階にあった研究成果 (たとえば山田, 1999, 2009 など) を取り込んで, 本書用に新たに書き下ろしを行なった．ここでは, そもそも縄文時代と弥生時代とはどのように定義づけられてきたものであるのかという点を研究史的に再確認するとともに, それを踏まえたうえで山陰地方の事例をモデルケース (地域文化の設定例) として縄文時代から弥生時代への移り変わりについて, 墓制論に重きを置きながら論じることにしたい．

1.1 縄文・弥生という時代区分の成り立ち

(1) 日本独自の縄文・弥生時代

　現在の日本の歴史的叙述においては, 土器を使用しはじめ, 狩猟・採集・漁撈によって生計を立て, 定住的な生活を始めた時期のことを縄文時代 (Jomon period) と呼び, これに加えて水田稲作を中心とした農耕を行ない, 食料を生産するようになった時期のことを弥生時代 (Yayoi period) と呼んでいる．英訳すれば明快であるが, この二つの「時代」は, 新石器時代 (Neolithic Age) や鉄器時代 (Iron Age) といった世界史的時代区分を語る際の「時代」とは異なる, いわば日本史限定の「時代」である．縄文時代から弥生時代への移行の問題を考える前提として, まずはこの二つの「時代」がそもそもどのような経緯から区分されてきたのか, 少々研究史的な観点から検討しておきたい．

(2) 縄文・弥生時代という概念の成り立ち

　現在いうところの弥生時代に稲作が行われていたことを最初に指摘したのは，山内清男であった．山内は1925年に発表した「石器時代にも稲あり」のなかで，宮城県枡形囲(ますがたかこい)遺跡から出土した弥生式土器の底部にイネの籾圧痕(もみあつこん)がついていたことを指摘し，弥生式の時期にはすでに稲作が存在したことを主張した（山内，1925）．

　これを踏まえて山内は，1932年に雑誌『ドルメン』に連載した「日本遠古の文化」において，いまの弥生文化を「弥生式土器の文化」と呼び，この時代を「弥生式の時代」と呼び，時代として「縄紋式土器の時代」と「弥生式土器の時代」を分離するとともに，両者の差を食料の採集（Sammelwirtschaft）と生産（ただしHackbau, 耨耕(どうこう)の段階）の差，すなわち生業形態の違いに求めた（山内，1932）．しかし，一方で山内は「弥生式」を本質的には石器時代の後期として理解しており，生業形態の差異を，そのまま世界史的な時代区分の指標としてはとらえていなかった．

　生業形態の差，すなわち稲作の有無によって「縄文式」と「弥生式」を区分するという視点は，1933年の森本六爾による「弥生式文化と原始農業問題」や「低地性遺跡と農業」などの論考を含む『日本原始農業』や，1935年の『考古学』（森本編，1933；森本，1935）などによって洗練され，1936年に渡部義通や三沢章（和島誠一）らによって執筆された『日本歴史教程』第一冊でも採用されている（渡部ほか，1936）．これらの論考をみると，「縄文式文化」と「弥生式文化」の区分は，いずれも本質的に生業形態の差によるものとして理解されており，生業形態という下部構造が上部構造を規定すると考える発展段階的歴史理論の導入は，すでに戦前において一部の研究者間において行なわれていたことがわかる．しかしながら，時局のためか，それが当時正しく評価され，ましてや日本史（当時は国史）の記述として採用されるということはなかった．

　このような状況は，第二次大戦後すぐに大きく変化した．1947年に文部省によって当時の師範学校向けに編纂された教科書である『日本歴史』をみると，現在の古墳時代までに相当する時代区分は，新石器時代の縄文式文化，弥生式文化，そしてそれ以降の大和時代となっており，時代としては区分されていないものの，縄文式文化と弥生式文化として独立して記述されるようになる（文部省編，1947）．問題は，いつ新石器時代のなかの縄文・弥生式文化が，日本独自の時代区分である縄文・弥生時代となったのかという点であろう．

1.1 縄文・弥生という時代区分の成り立ち

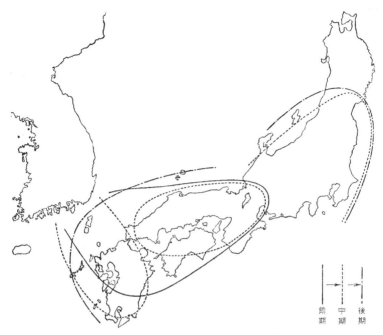

図 1.1 1955年段階で杉原が提示した弥生文化の範囲（杉原, 1955）

たとえば，終戦から6年を経過した1951年には，森本六爾の影響か，小林行雄の『日本考古学概説』や改造社刊『考古学辞典』のなかにおいて弥生式時代の言葉が用いられるようになるものの（小林, 1951；酒詰ほか, 1951），1955年に刊行された『日本考古学講座』第4巻 弥生文化において，杉原荘介の執筆した総論である「弥生文化」では，弥生文化は鉄器時代の階梯にあると述べられており，弥生時代の語は積極的には使用されていない（杉原, 1955）。しかしながら，この段階で弥生文化の範囲が東北地方南部，仙台湾周辺にまで拡大されてきていることには注目しておきたい（図 1.1）。

一方，1960年に刊行された『世界考古学大系』第2巻では，弥生時代の語が積極的に用いられている。編集者の杉原荘介は本書の凡例において「日本に農業が起こってから，日本古代国家の発生までを考古学のうえでは土器形式に準拠して弥生時代とよんでいる」と述べる（杉原編, 1960）。また杉原は，弥生時代の後期に至り，稲作技術が東北地方北部に到達したとし，ここに北海道を除く日本全土が「農耕化」をとげたと述べている。弥生文化の範囲が九州以東本州全域に拡大

されたために，日本史のタームとして弥生時代の語が積極的に使用されるようになったとも考えられよう．

翌1961年に刊行された『日本農耕文化の生成』においても，弥生時代の語は積極的に使用されている（杉原編，1961）．特に，杉原荘介自身が執筆した「日本農耕文化の生成」のなかでは「弥生式文化の時代」といった言い回しは消え，「弥生時代の文化」という形で記述が行なわれている（杉原，1961）．時代が文化に先立って区分され，時代によって文化が規定されるという，これまでとは逆の図式が描かれるようになったのである．弥生時代と縄文時代の関係性は，表裏一体のものである．ここに至って，日本独自の縄文時代・弥生時代という時代概念が姿を表したといえるだろう．

その後十年を経て，佐原眞が弥生時代の定義として1975年に記した文章には，「弥生時代は，「日本で食料生産を基礎とする生活が開始された時代」である」と書かれている（佐原，1975）．また，現在においても山川出版社から発行されている高校歴史教科書である『詳説日本史B』にも，縄文時代を食料採集の段階，弥生時代を食料生産の段階と明記されている（笹山ほか編，2013）．佐原がいう「基礎とする」という部分をどのような指標に求めるかが問題であるが，この定義が今日においても縄文時代と弥生時代を区分する基本的な理解であることは否めない．

1.2 食料生産の有無によって縄文時代と弥生時代は区分できるか

(1) 縄文時代における「農耕」の問題

これまでにも，縄文時代にイネなどの栽培植物があり，それを中心とする植物管理技術である「農耕」が存在したとする指摘は数多くなされてきた．しかしながら，ここ数年，土器についた植物の圧痕などをもとに当時の植物利用のあり方を研究する考古学者の多くは，突帯文土器の時期以前における穀物栽培，特にコメの存在を否定するようになってきている（たとえば中沢，2016など）．一方で，九州地方における突帯文土器の時期にはすでに水田も確認されており，縄文時代晩期黒川式期以降のこの時期を「弥生時代早期」として理解する研究者も多く，縄文時代における「稲作農耕」の存在は厳しい状況にあるといえる．

一方，近年熊本大学の小畑弘己を中心とした研究チームによって，縄文時代にもマメ類，特にダイズやアズキの栽培が行われていたことが明らかにされた（小

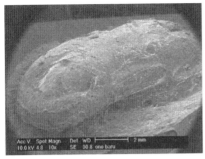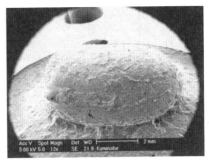

図1.2 長崎県大野原遺跡のダイズ圧痕（左）と熊本県上南部遺跡のアズキ圧痕のレプリカSEM画像（小畑，2016）

畑ほか，2007：小畑，2016など，図1.2）．小畑はマメ類の栽培が縄文社会に与えうるポテンシャルを高く評価し，縄文時代中期の中部高地や後晩期の九州における遺跡の大規模化（人口の増加）に大きな役割を果たしたと述べ，北海道南部や東北地方北部におけるヒエについても同様の存在であったとしている（小畑，2016）．畑などの生産場所が特定でき，さらにそこで育成された植物が特定でき，それに対応する道具類（農具）があり，かつ播種・育成・収穫というサーキュレーションが存在するならば，これを技術面から農耕ととらえることも可能だろう．

しかしながら「縄文農耕」の存否は，考古学者が農耕をどのように定義するかにかかわる問題でもある（山田，1999）．食料生産技術である農耕について，多くの考古学者がその定義にこだわるのは，この導入に伴って引き起こされたと考えられるさまざまな社会的現象，階級の発生，国家の成立といった社会構造の変化をその背後にみるからである．したがって，縄文時代においてどんなに高度な植物管理を行なっていたとしても社会構造に変化がみられないならば，歴史的な位置づけとしてそれを農耕，その社会を農耕社会とは考古学者は呼ばないのかもしれない．

そのようにとらえる限り，少なくとも食料生産の有無のみをもって単純に縄文時代と弥生時代を区分するような時代区分論は，もはや成立が困難であるといえるかもしれない．では，マメ類やヒエを主体とする「縄文農耕」が社会構造の変化を引き起こし，社会の複雑化，集団間の成層化を進展させたという証拠は存在するのであろうか．

たとえば，谷口康浩が述べるような関東地方における環状集落の成立と解体にみることができる社会複雑化の問題（谷口，2005），あるいは筆者自身が想定する

ような北海道南部・東北地方北部の後期における社会成層化の萌芽などは，従来の生業論や集落論，墓制論などから導かれた理解であり，先に述べたような「縄文農耕」とは直接的に関係を持つものではない（山田，2004，2010，2014b）．これらの地域・時期以外に縄文時代において，社会の成層化が惹起した可能性は，いまのところ見当たらない（山田，2008a）．したがって，マメ類やヒエを主体とする「縄文農耕」が，社会構造の変化を惹起し，その成層化を促したと見通すことは現状ではできず（山田，1999，2010），あくまでも従来における多角的な生業形態の一つとして導入されたものと私考する．

(2) 灌漑水田稲作の導入と縄文的世界観の変化

「縄文農耕」は技術論としては肯定的にとらえることができるとしても，その社会構造に与えるポテンシャルは高く評価できないだろう．その一方で，新たに渡来してきた灌漑水田稲作の持つシステムは，やがては階級を発生させ初期国家への道を歩ませることになった．この二者の差は非常に大きいといわざるをえない．広瀬和雄は，「縄紋時代後・晩期の畑稲作が，伝統的な獲得経済の一部を構成したのにとどまって，けっして支配的な食料獲得様式にならなかった」「畑稲作は水田稲作のように首長と農民の階級分裂を発生させるシステムをもっていなかったこと」という二点をあげ，1997年段階で想定されていた「縄文農耕」と灌漑水田稲作とではまったく異質な世界を持っていたと述べている（広瀬，1997）．現状においては，その背景となる精神文化・社会システムのあり方も含めて，筆者もやはり灌漑水田稲作の存在が大きな指標になると考えている（山田，1999）．二つの文化の差異は生業形態のみならず，その生業によって引き起こされる社会システムのあり方そのものの差異としてとらえることができるのである．

　灌漑水田稲作を基礎とする社会システムの存在は，まずは①食料生産地である灌漑水田および付随施設の存在，次に②食料対象植物であるコメ（イネ）の存在，③食料生産地の造成や生産食料の収穫・処理に対応する専用性の高い道具（農具）の存在，④生産を精神文化的側面から支える祭祀のためのさまざまな呪術具の存在，という四つの考古学的証拠によって，推定することが可能である．水田の開墾と経営に対しては，一個人の力量を超えた相当程度の労力が投下されたことは間違いない．それに伴って従来の集団労働編成にも漸次変化が生じたであろうから，考古学的資料として最低でも①の水田と②のコメが確認できた段階で，当時の生業形態は基本的に食料生産を基礎に据えたと考えてもよいだろう．

ただし，食料採集から食料生産へという生業方針の転換は，従来の縄文時代的な思考方法の転換を迫るものであったと想定される．完成した灌漑水田稲作の伝播は，従来の縄文人の空間認識や植物の利用方法，および集団労働のあり方を大きく変化させた．灌漑水田稲作を受容した西日本の縄文時代における低地は，もともと堅果類の貯蔵や，アク抜きのための水さらし，植物茎から繊維を取り出すなどの食料・材料加工などに利用されていた場所であった．しかし，灌漑水田稲作が始まると，この湿地は灌漑水田という生産の場に変化し，多大な集団労力の投下を伴いつつ大規模な地形改造が行なわれ，農地として面的な拡大の対象となり，明確な形での土地の占有が行なわれるようになる．この空間利用の変化は，花粉分析によっても明らかにされている．辻誠一郎は，縄文時代にはハンノキなどが繁茂していた低地が弥生時代になると一気に開発され，二次的植生へと変化した可能性を指摘している（辻，1989）．また，縄文時代には食料としてさまざまな恩恵を与えてくれたアカガシ亜属やシイ属は，農具などの材料として伐採の対象となる．利用した空間や植物は同じでも，それを使う集団関係，技術体系，およびそれを支えた思想は，まったく異なったものであったということができるだろう．そして，これこそが縄文的な精神文化との決別を促したと，筆者は私考している（山田，1999）．

(3) 時代区分の指標としての灌漑水田稲作

先にも触れたように，戦後すぐの 1947 年に編纂された教科書『日本歴史』の段階でさえ「弥生式文化」は，「金属器の渡来」・「農業の開始」・農業の発達の結果としての「小国家の分立」によって特徴づけられるとされており，このような理解が現在までに引き継がれている弥生時代像の原型であることは間違いないだろう．

しかしながら，その後の研究によって，金属器の登場が水田稲作の登場よりも後出することが明らかとなったことから，縄文時代と弥生時代の時代区分，特にその境界域における具体的指標は，生業形態の差という経済的な側面を重視したものを中心とせざるをえなくなった．両時代におけるそもそもの差が生業形態の差として理解され，それによって時代設定がなされている以上，縄文時代と弥生時代のタテ方向の境界は，まずは食料採集と食料生産の違いをどのようにとらえるのかという点にかかっているということになる．

また，先にもみたように，従来縄文時代とされていた突帯文土器の時期も，稲

作の存在が確実視されるようになるにつれて，弥生時代へと編入させる研究者が多くなってきている．このような研究動向をみる限り，いまや縄文時代と弥生時代の境界は，灌漑水田稲作の有無によって区分されているといっても過言ではない．

　弥生時代の認定必要条件の一つが，灌漑水田稲作にあることは間違いない．また，もう一つ忘れてはならないのは，藤尾慎一郎も指摘するように，一国史における通史的理解として，弥生時代・弥生文化は次の古墳時代・古墳文化へと連続していくという視点である（藤尾，2013）．西日本の各地域では，その後古墳が造られるようになり，古墳時代へと連続する．この通史的連続性も認定必要条件の一つである．そして，この二つの必要条件の間に入るのが，祭祀や精神文化面も含めた社会の複雑化・成層化という必要条件であり，この三つがそろってはじめて認定十分条件となる．

1.3　弥生文化の分割・解体

　このような視点に立ったとき，問題となる地域が2カ所ある．一つは東北地方北部であり，もう一つが関東地方・中部高地である．

(1) 灌漑水田稲作を放棄した地域

　東北地方には，青銅器を始めとする金属器はほとんど普及していない．また，環濠集落も存在しない．しかし，そのような状況ではあっても青森県弘前市砂沢（すなざわ）遺跡の事例にみられるように，灌漑水田稲作の技術そのものは本州北端にまで到達している（図1.3）．これと時期を同じくして縄文時代の特徴的な呪術具であった土版（どばん）や石棒などはその姿を消していく．土偶や独鈷石（どっこいし）など，一部の呪術具は弥生時代中期になっても残存するが，これもやがては消滅していく（図1.4）．最も縄文的な文物であるこれらの呪術具が消滅していったのは，環濠集落が成立したからでも，金属器が伝来したからでもなかった．灌漑水田稲作という縄文時代にはなかった植物管理技術と，西日本において醸成されたそれに伴うさまざまな観念・思想が，おそらくはセットとして入ってきたからであり，そのセットが従来の集団関係や精神文化の変質ないしは置換を促進したからであろう．その意味では，東北地方北部は砂沢式土器の時期に一つの画期があるとみてよい．しかしながら，東北地方北部では，中期以降に水田稲作をその生業形態から外してしまい

1.3 弥生文化の分割・解体

図 1.3 砂沢遺跡の水田（弘前市教育委員会提供）

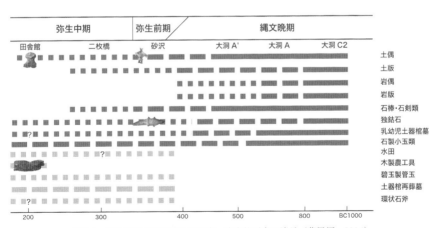

図 1.4 東北地方北部における縄文・弥生的要素の消長（藤尾編，2014）

（あるいは維持できなかった），すなわち稲作に伴う社会システムを放棄したために，社会を複雑化・成層化させる方向には進まなかった．当然ながら，そこには古墳時代のメルクマールとなる前方後円墳は，例外的な事例を除き，築造されていない．問題は，このような状況を西日本の事例と同様に，弥生時代・弥生文化として括ることができるかという点である．

(2) 灌漑水田稲作が遅れて導入された地域

　関東地方・中部高地において，灌漑水田稲作が本格化するのは弥生時代の中期中葉以降である．しかしながら，それに先行する時期には，アワやキビといった，いわゆる雑穀栽培を行なっていたことも，近年の研究において明らかにされてきている（たとえば中沢，2012；設楽，2014など）．また，雑穀の栽培化に応じて縄文時代以来の石器を改変し，これを農具化するとともに，従来の深鉢を変形させて，穀類の貯蔵に適した大型壺をも作り出していた．このような文化変容は，墓や呪術具にも及んでいた．墓制としては大型壺をもちいて土器棺再葬墓という特殊な葬法を発達させていたし，縄文時代の呪術具であった土偶も，女性性の象徴というその本来の性格を変化させて男女一対のものとなっていた．当然，縄文文化由来の祭祀ひいては精神文化自体もそれに伴って変化していたと思われる（設楽，2007，2008，2013など）．このような状況も，西日本からの文化的影響を受けた結果であることは間違いないだろう．

　灌漑水田稲作の存在を弥生文化認定の必要条件とした場合，その開始時期は地域によって，かなり異なることになる．そのような過渡的状況を，縄文時代・弥生時代の移行期とするのか，それとも弥生文化に組み入れるのか，あるいは「別の文化」として規定するのか，その点がいまや大きな問題となっている．設楽博己は，「農耕文化複合」という概念を用いて，先の関東・中部高地の状況を説明しようとしている（設楽，2013，2014）．「農耕文化複合」とは，「農耕が単に文化要素の一つにとどまることなく，いくつかの文化要素が農耕文化的色彩を帯びて互いに緊密に連鎖的に影響しあいながら，全体として農耕文化を形成している」状況を指し示すとし，そのうえで設楽は，日本列島における弥生文化の形成は「大陸から導入された農耕文化複合を，それぞれの地域や土地における歴史的条件に応じて選択的に受容した結果である」と述べる．設楽の説は，日本列島における農耕文化，およびそれを担った人々の多様性を重視する立場である．これは，農耕の内容を水田稲作に限定することなく，あくまでも弥生文化内の多様性を考え

る立場でもある．

　ここで問題としなければならないのは，土器棺再葬墓に代表されるような墓制の背景にある社会統合のあり方とアワ・キビなどの雑穀栽培に，西日本における灌漑水田稲作にみられたような，将来的に首長制社会を生み出していくような社会複雑化・成層化へのポテンシャルが存在したかどうかである．この点については，設楽自身の「弥生再葬の役割を通じてみた集団間の関係からすれば，弥生再葬墓の社会は祖先祭祀によって緊密に結びついた分散小集団という縄文時代晩期の集団関係，社会関係をほぼそのままに維持しているといってよい」という言葉にあるように（設楽, 2014），ネガティブなものと考えてよい．

　先にも述べたように，新たに伝播してきた灌漑水田稲作の持つ一連の技術・思想を内包するシステムは，やがては首長制社会・初期国家への道程を歩ませる潜在能力を持っていた．灌漑水田稲作や雑穀栽培の存在は，考古学的な事象として具体的にとらえることができるが，その背景に上記のようなシステムが存在しなければ，これを弥生時代・弥生文化ととらえることはできない．もし，このように考えるのであれば，弥生時代後期の段階で灌漑水田稲作を放棄したと思われる東北地方北部を弥生時代・弥生文化の範疇としてとらえることはできず，また関東・中部高地は，西日本の時間軸でいうところの弥生時代中期中葉以降になって，弥生時代を迎えることになる．

(3) 弥生文化の解体と脱構築

　藤尾慎一郎は，弥生文化を「灌漑式水田稲作を選択的生業構造の中に位置づけた上でそれに特化し，いったん始めれば戻ることなく古墳文化へと連続していく文化である」と定義し，そのうえで時空間的な意味での「漸移帯（ぜんいたい）」を意味する「ボカシ」という概念を用いながら，東北地方北部の水田稲作文化を弥生文化の枠外とし，別の文化であると述べている（藤尾, 2013）．ここにおいて，弥生文化そのものに対する歴史観および，それに立脚する弥生文化の定義の仕方によって，たとえば東北地方北部における状況を，弥生文化のなかに含めるのか，それとも弥生文化から切り離すのかという，二つの立場が示されることになる．

　実はこのようなとらえ方については，現在までのところ，すでに幾人もの研究者によって提起されてはきた．たとえば，石川日出志は 2010 年に刊行された岩波新書のシリーズ日本古代史 1『農耕社会の成立』のなかで，「こうして日本列島各地の様子を横断的に見渡したとき，果たして「弥生時代」という時代概念は有効

なのか，という思いを強くする」，「「弥生文化」として一括りにできるだろうか」と述べている（石川，2010）．また，岡本孝之は早くから「大森文化続期」として東北地方の様相を中心に言及を行ってきており（たとえば岡本，1994，2015など），これも注目される．

　2014年に国立歴史民俗博物館で行われた企画展『弥生ってなに？！』はまさにこの点を主要なテーマとそして取り上げた企画展であり，そこではたとえば藤尾慎一郎の「砂沢文化」などの提唱が行われた（藤尾，2014など）．また，設楽博己は，同年の歴博研究報告第185号のなかで批判的な物いいながら「イネのもつイデオロギー的側面，社会性を弥生文化の指標として重視する意見では，これまで弥生文化としてくくられてきた文化の多くをその埒外に追い出すこととなる．それは，これまでの弥生文化自体の枠組みの大きな変更であるのだから，弥生文化という用語を使うことはできないのではないだろうか．したがって，「板付（いたづけ）文化」といった新たな名前を冠するのが筋だろう」と述べ，「板付文化」の語をあげている（設楽，2014）．これらの思考仮説は，先の岡本による「大森文化続期」を含めて，弥生時代における地域性を重視し，一時代≠一文化という枠組みを超える前衛的な試みとして評価すべきであろう．

　ここで筆者自身の意見を開陳しておきたい．一国史を語るうえで，弥生時代というstage（段階）を，列島全域で設定するのはよい．しかしながら，その枠のなかには時期差・地域差，さらには生業形態の差に対応したいくつかのphase（様相）が存在したことは，これまでの研究によってもはや明らかである（山田，2009）．弥生時代に，弥生文化と北海道の続縄文文化，そして南島の貝塚文化（後期）が併存していたことは事実である．また，東北地方や関東・中部地方などにおけるphaseは，九州から近畿地方にかけての西日本各地におけるphaseとも異なる．このような各phaseを地域文化として止揚することも，地域研究が進展した現在，可能なのではないか．縄文時代・弥生時代に対応する文化が，縄文文化あるいは弥生文化（北海道における続縄文文化や南島の貝塚文化の問題はひとまず措くとして）一つしかないという歴史的叙述以外にも，おのおのの地域・時期的実情にあわせた個別の文化を，土器型式・様式や生業形態，居住形態，精神文化，社会構造のあり方などから再設定し，叙述を行なうときがきているのではないか，とも申し述べておきたい．この場合，弥生文化は，先の認定必要条件を満たす範囲で連絡しあう諸文化の総体としてとらえられることとなる．本来一国史を語るために設定された弥生時代という時代概念そのもの，そして弥生時代（食

料生産の段階）の文化＝弥生文化という枠組みそのものの妥当性こそが，いまや問われるべきである．研究の進展に即して，一国史的歴史観から離れた相対化，脱構築は決して非難されるべきものではないはずである．

1.4 「弥生化」のプロセス

(1) 典型的な移行モデルとしての山陰地方

　弥生時代というステージは，灌漑水田稲作の開始から始まった．灌漑水田稲作が導入され，社会システムが縄文時代のそれとは異なる方向，すなわち複雑化・成層化へと変化していくプロセスを「弥生化」と呼ぶ．ここで取り上げる山陰地方は，縄文時代において一般的にイメージされる東日本の縄文文化とは異なった「山陰縄文文化」とでもいうべき文化が展開した地域である（山田，2015 など）．そして，そのような独特の文化を基盤として，食料獲得経済段階である縄文時代から食料生産段階である弥生時代へと，スムーズかつダイナミックに移行した典型的な地域，そして弥生時代の後半においては青銅器や四隅突出型墳丘墓（よすみとっしゅつがたふんきゅうぼ）のあり方，絵画資料にみる山陰地方独自の「神話」の存在（山田，2006）などから想定されるように，ユニークな地域文化を醸成させた地域でもあり，その「弥生化」のプロセスを検討するためのモデルケースとしてふさわしい地域である．この地域を取り上げて一つの phase とし，「山陰縄文文化」が「弥生化」していくプロセスについて考えてみよう．

(2) 縄文時代と弥生時代における差
a. 時間軸としての土器の様相

　山陰地方におけるいわゆる遠賀川式（おんががわ）土器の編年は，基本的にはⅠ-1〜4期の四段階に分けられることが多く（松本，1992），遠賀川式土器の登場が当地における弥生時代の開始と連動してとらえられることが一般的である．この遠賀川式土器の時間的変遷を整理すると，在地の突帯文土器である古海式（ふるみ）/板付Ⅰ式，Ⅰ-1段階（出雲原山式（いずもはらやま））/越敷山式（こしきさん）/板付Ⅱa式，Ⅰ-2段階/板付Ⅱb式/畿内第Ⅰ様式中段階，Ⅰ-3段階/畿内第Ⅰ様式中段階/板付Ⅱb〜Ⅱc式？，Ⅰ-4段階/畿内第Ⅰ様式新段階/板付Ⅱc式という時間軸を想定することができる．以下，Ⅰ-1〜4期の時間軸に沿って居住形態・墓地構造・祭祀具の変化・灌漑水田稲作の導入について概観してみよう（山田，2009）．

b. 居住形態の変化

　山陰地方だけでなく中国地方まで広げたとしても，この地域における縄文時代の居住に関する遺構の検出例は多くはない．このことは，本来住居の全体数そのものが少なかったことを示している．これは，当地における縄文時代の人口数がきわめて少なかったと，読み替えることができる．

　筆者が行なった検討によると，縄文地代における当地の集落は全時期を通して，概して小規模であり，同時存在した住居も1集落あたり二棟前後，最大人口が10人を大きくは上回らない程度のものであったと考えられている．また，その住居構造や遺物の出土量からみて，相当程度にわたる長期間の通年的定住を行なっていたとは考えにくく，むしろ季節やバイオマスの変動，社会的な状況などによって集落および居住集団を移動・分離・分散・統合させるような柔軟な居住戦略を採用していたと想定される（山田，2002, 2015）．それゆえに社会的な複雑化は東日本ほどには進展せず，これを支えた呪術具なども少量しか存在しなかった．また，当地の縄文時代には居住・生業戦略上のresidential baseは存在しても，長期間にわたり維持され地域的統合の拠点となるような集落は存在せず，強固なテリトリーも存在しなかったと思われる．このような東日本における縄文文化とは異なる独特のあり方について，筆者は中国・四国地方を含めて「中四国式縄文文化」と呼んだことがある（山田，2015）．しかしながら，より細かくみていくならば，海岸平野とそこに残された貝塚を数多く擁する山陽地方と，平野からすぐさま山地へと地形が連続する山陰地方とではその様相は少々異なる．この点を加味して，ここでは山陰地方に展開した縄文文化のことを，その独自性を評価して「山陰縄文文化」という言い方をしておきたい．

　さて，住居跡などの生活遺構の発見例が少ないという点は，I期に入っても同様である．この時期の住居跡としては島根県松江市寺床遺跡検出例や布田遺跡検出例，雲南町下山遺跡検出例などがある．いずれもI-3～4期のものであるが，掘り込みもさほど深くはなく，また柱穴などの配置もしっかりとしたものではない．その意味では状況的にはそれ以前と同じで，特に堅牢な住居を構築し定住性が強化されたといった兆候をみることはできない．当該地域においてしっかりした掘り方を持ち，定型的な柱穴配置を持つような住居はII期以降にならないと確認できない．弥生時代中期以降，山陰地方における竪穴住居の構造は堅牢化し，掘り込みも深くなる．これは長期的に居住するための施設整備であり，弥生時代中期以降に定住化の度合いが高くなった証拠であると解釈することができるだろう．

このことは，たとえば西川津遺跡や島根県出雲市四絡遺跡群，鳥取県米子市目久美遺跡などのように長期にわたって存続し，その内容・規模ともに抜きんでるような拠点的集落が出現することからも理解できよう．

遺構に関する大きな変化といえば，I-4期における環濠の出現をあげることができる．この時期の環濠は，島根県松江市田和山遺跡や鳥取県南部町清水谷遺跡，鳥取県大山町今津岸ノ上遺跡などで確認されている．このような環濠は従来の縄文時代の遺跡には存在しないものである．特定の土地を濠によって囲いこむという行為は，排他的なテリトリーを創出するという思考と連動するものである．加えて田和山遺跡の環濠内からは石鏃や石つぶてに使用されたと思われる円礫なども多量に出土しており，ここにおいてなんらかの戦闘行為があったことは間違いないだろう．

遺跡の継続性に注目してみると，I-1期の土器を出土する遺跡は縄文時代晩期より継続する事例が多く，当地における弥生文化に関する情報の流入が縄文時代以来のネットワークを介して行なわれた可能性は高い（中川，2003）．また，遺跡数自体はI-3期以降に増加する傾向にあり（西伯耆弥生集落検討会編，2001），その意味では活動が活発化し始めた，あるいは人口が増加したということも指摘できよう．

c. 墓地構造の変化

縄文時代における墓域は，塊状構造ないしは環状構造を呈するものがほとんどである．たとえば島根県飯南町板屋III遺跡，下山遺跡などでは土壙墓が塊状の配置をとる墓域が残されている．

これに対し，弥生時代になると，島根県松江市堀部第1遺跡，鳥取県湯梨浜町長瀬高浜遺跡など，墓の頭位方向など，墓の頭位方向を同一方向に揃え，その長軸方向に墓を列状に配置する列状配置の墓地が登場する．また，同様の構造を持つ墓地は山口県下関市土井ヶ浜遺跡，福岡県福岡市下月隈天神森遺跡など北部九州から響灘沿岸にかけての遺跡にもみることができ（山田，2000），これらの墓からは渡来系弥生人骨が出土することが多い．また，墓の上部構造も方形を基本とした配石墓であったり，内部構造も木棺を伴ったりすることが多くなる．時期的にはI-2期以降の事例が中心となる．縄文時代の墓域構造と比較してもそのあり方は明らかに外来的であり，新たに山陰地方に移住してきた人々がもたらした墓制であると考えられる．その一方で，弥生時代前期の段階では島根県美郷町沖丈遺跡や松江市古浦遺跡などの例のように集塊状・環状をなす縄文的な様相を持

図 1.5　西川津遺跡出土の陶塤形土製品（島根県立埋蔵文化財調査センター提供）

つ墓地が併存する．ただし，このような状況は一時的に限られ，これ以降，基本的には頭位方向を一定の方向に向けるという頭位方向規制を持つ木棺墓が墓制の主体となり，墓制の背後にある思想が大きく変化したことが想定される．これらの点については次章でさらに検討を加えることにしたい．

d. 呪術具の消滅と登場

縄文時代における当該地域には，土偶や石棒などが後晩期に少量確認されているだけである．I 期以降に登場する新たな祭祀具としては，島根県松江市西川津遺跡などにおける鳥形木製品があげられる．これらの資料の出現は I-2 期であり，この時期には当地にも新たな思想が流入していたことを裏づけるものである．さらに堀部第 1 遺跡からは楽器と目される陶塤形土製品（土笛）（図 1.5）が墓に伴って出土しており，すでに I-2 期段階において縄文時代とは異なった葬送儀礼が執行されていたことがわかる．山陰地方においては I-2 期の段階で，縄文時代には存在しなかった新たな祭祀が行なわれていたことは確実である．

その一方で，縄文時代において確認できた土器埋設祭祀（土器埋設遺構，埋甕）が，少なくとも突帯文土器後半以降にみられなくなるという現象も見逃せない．これは突帯文土器期以降に，やはり再生観念を象徴する呪術具である土偶がみられなくなることとも符号している．

e. 灌漑水田稲作の登場

島根県益田市浜寄遺跡からは，I-4 期かと思われる時期の灌漑水田遺構が検出されており，この時期に山陰地方において灌漑水田稲作が行なわれていたことは確実である．また，松江市北講武氏元遺跡からは，水田こそ検出はされていない

ものの I−2 期にまでさかのぼる水路が検出されており，遅くともこの時期までにはすでに灌漑水田稲作が行なわれていた可能性は高いと考えられる．

(3) 山陰地方における弥生化のプロセス

これらの状況をもう一度時間軸に沿った形で整理してみよう．

突帯文／板付 I 式併行：三田谷 I 遺跡において板付 I 式の搬入土器がみられる．外来的な情報が流入をしていたことは確実である．

I−1 式期：晩期以来継続する遺跡にいわゆる遠賀川式土器がみられるようになる．また原山遺跡では，この時期に列状配置墓地が存在した可能性がある．

I−2 式期：灌漑水田稲作の導入が確実視される．外来の墓制である列状配置墓地が日本海沿岸部に広い範囲においてみられるようになる．この時期以降，基本的に当地の弥生時代の墓は下部構造に木棺を採用し，頭位方向に斉一性がみられるものへと大きく変化する．この時期の墓には渡来系弥生人が埋葬されており，人の移住があったことは確実である．

また，陶塤形土製品や鳥形木製品などの祭祀具の登場もこの時期までさかのぼる．その一方で，縄文文化的な土器埋設遺構および石棒・土偶はこの時期には確実に消失している．在来の人々の精神文化が変容・転換を期した時期ということができる．

I−3 式期：遺跡数が増加する．また，この時期に新たに開設される遺跡も多くみられるようになる．

I−4 式期：環濠の出現など，集落構造に変化がみられる．現在のところ確実な水田はこの時期のものであるが，これは時期的にさらにさかのぼる可能性がある．また，田和山遺跡などはその立地，遺跡からの眺望などからみて，交通や軍事的に特殊な目的に使用された可能性も高い．

第二様式以降：住居の構造が堅牢化し，定住性が強化された様がうかがわれる．これとともに拠点的な集落が成立する．また，武器形石製品なども出現し，田和山遺跡では戦闘行為が行なわれた可能性もある．これは排他的なテリトリーが確立したことに起因するだろう．

これらの事例からもわかるように，山陰地方における縄文／弥生の画期は I−2 期，幅広く見積もっても I−2〜3 期にあったと想定することができ，そこには人的移動の結果による新しい思想の普及と連動した集落構造の変化や墓制の変化を読み取ることができる．

上記の変化は，以下のようなおよそ5段階のプロセスでモデル化することができる．これはおそらく他地域においても，進行度合いの速度差があったにせよ，同様のプロセスを踏んでいったものと思われる．

1段階：土器や生業などの情報の流入．2段階：人の移住．灌漑水田稲作の導入．それに伴う墓制・祭祀など新たな精神文化の流入．縄文時代的な精神文化の変質・衰退．3段階：遺跡の増加にうかがえる活動の活発化および人口数の増加．4段階：環濠の出現にみられる集落構造の変化．5段階：定住性の強化．拠点的集落の出現．排他的テリトリーの成立．集団的戦闘行為の発生へ．

さらにその先のプロセスを考えるなら，6段階：社会における成層化の進展，エリート層の析出，階級の発生，7段階：武力などによる社会統合の進展，「クニ」の発生，といったものが考えられるだろうか．弥生文化の範囲は，この「弥生化」のプロセスが不可逆的に進行する地域ということも可能だろう．

1～4段階までの変化はどれくらいの速度で生じたものであるのか．西本らが提示したデータによれば，松江市田和山遺跡から出土したI-4期の土器付着炭化物のAMS-炭素14年代測定法による較正年代は，315-205 calBCであり，出雲市矢野遺跡から出土したI-2期の土器付着炭化物の較正年代は820-740 calBC，同遺跡のI-2～3期の炭化材が595-405 calBCとされている（西本編，2006）．

国立歴史民俗博物館が示した炭素14年代の較正年代に基づく縄文から弥生時代の実年代をみると板付Ⅱa式からⅡc式までの間は350年間程となっている（西本編，2007）．先に山陰地方におけるI-1期が板付Ⅱa式に併行し，I-2期が板付Ⅱb式，I-3～4期が板付Ⅱb～c式に併行するとの想定を示しておいたが，先の矢野遺跡出土器の較正年代が若干古く出ている可能性はあるものの，歴博の提示した較正年代による限り，I-1期からI-4期までの時間差は少なくとも400年間を大きく超えることはない．仮に各時期を等分割したとしても1期あたりの時間幅は100年ほどであり，「弥生化」の画期がI-2期にあるとすると，世代的に少なくとも三世代程度の直接経験的なコミュニケーションが可能な時間幅のうちに，当地では「弥生化」が進行していったことになる．

山陰地方の場合，この「弥生化」に対して最もインパクトを与えたのは，渡来系弥生人の移住であった．この人々は灌漑水田稲作とともに，従来とは異なった墓制と祭祀，精神文化を持ち込んだ．ただし，いわゆる遠賀川式土器と突帯文土器は一遺跡内においても共存しており，在地の人々と移住者の間になんらかの強い軋轢があったとは考えにくく，むしろ在地の縄文人が「弥生化」した好例とし

てとらえることができる（藤尾，2000）．これは，先にも注意を促したように，当地において排他的なテリトリーが確立されていなかったために，比較的スムーズに移住が行なわれたことが一要因であろう．また，山陰地方を含む中国地方では，東日本に比べて社会や精神文化が複雑化はしていなかったと想定される（山田，2008b, 2015）．人口数が少ないことに起因するこれらの諸要素が，新しい精神文化や社会システムを比較的容易に受け入れることができた要因の一つであることは間違いない．このような新しいシステムが本格的に導入されてからさらに100年ほどのうちに環濠が出現する．環濠を排他的テリトリーの成立，集団的戦闘行為の発生と関連づけて考えることが許されるならば，当地の縄文文化のなかには存在しなかった，武力による問題解決という新しい思想が比較的短期間のうちに生起したことになる．山陰地方における弥生化は比較的スムーズに進行したが，かなりダイナミックなものであったことになる．

1.5 「弥生化」プロセスにみられる相克と葛藤

　山陰地方における「弥生化」のプロセスは，大枠の理解として上述したとおりであるが，分析視点を個別の遺跡に引きつけて，さらに検討を加えてみると，縄文時代から弥生時代への移行については，少々一筋縄ではいかなかった部分もみえてくる．ここでは，島根県の堀部第1遺跡と沖丈(おきじょう)遺跡における墓地の構造と埋葬属性を検討することによって，この点を考えてみたい．

(1) 島根県松江市堀部第1遺跡における墓地構造
a. 墓地の全体構造

　堀部第1遺跡は，島根県松江市鹿島町(かしまちょう)に所在する弥生時代前期を中心とする墓地遺跡である．1998年から翌年にかけて鹿島町教育委員会によって発掘調査が行なわれ，下部構造として木棺を有する配石墓が60基ほど検出されている（赤澤編，2005）．調査途中で遺跡の一部保存が決定したため，調査区のうち北東部分については完掘されていない．

　図1.6はこれらの配石墓群の位置関係である．中央にある「長者の墓」とされる箇所は独立丘で，配石墓群はこの「長者の墓」をとりまくように，環状に，また全体的にみれば列状に配置されている．また，各配石墓に伴う土器には口縁部下に段を有するものが多く，これらの配石墓群の時期は，I-2期を中心とするも

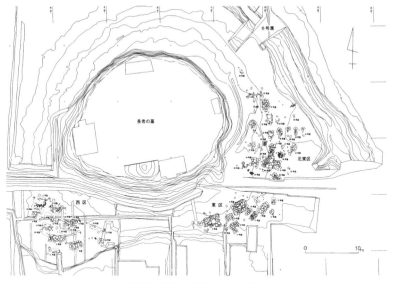

図 1.6 堀部第 1 遺跡の墓地構造（赤澤編, 2005）

のと考えることができる．

　これらの配石墓群は，調査者によって西区・東区・北東区に区分されている．西区と東区の間には墓の分布上の空白箇所が存在し，それぞれが単独で墓群を形成していることは明らかである．堀部第 1 遺跡における墓地構造は，「長者の墓」を中心として，全体的に環状および列状配置構造をとりながらも，その内部はいくつかの分節構造を内包しているということになる．

b. 西区における墓群構造

　これらのうち，西区は堀部第 1 遺跡において最初に発見された墓群であり，20 基の配石墓から構成され，当該遺跡における墓群構造を最も端的に表すものである（図 1.7）．以下，堀部第 1 遺跡の墓群構造について西区を代表させて考えてみよう．

　図 1.6, 1.7 をみてもわかるように，西区の墓群はその長軸方向を東から西方向にそろえる列状配置をとっている．しかし，西区の墓群は単なる列状配置ではなく，その内部において，大型の墓が 2 基並列し，2 基一対となる傾向がある．西区では墓群内に規模的に大きな墓が一組存在し，それ以外の中小型墓が位置的に 2 基一対となる組合せがあり，これが列状に配置されているとみることができるだろう．

1.5 「弥生化」プロセスにみられる相克と葛藤

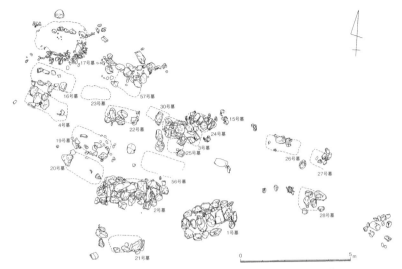

図 1.7 堀部第 1 遺跡西区における墓の位置関係（赤澤編, 2005）

また，赤澤秀則は木棺長軸方向の内法が 1.2〜0.7 m 以下のものを基本的には子供の埋葬例であると考えている（赤澤編, 2005）．その点を踏まえて検討すると，子供の埋葬例は基本的に「長者の墓」側に集中して存在し，その外側を 2 基一対となった大人の埋葬例が緩やかなカーブを描きながら配置されていることがわかる．このように各墓のあり方をとらえていくと，列状配置をしている西区の墓群内には 2 基一対の大人の墓とそれに伴う子供の墓という，さらなる分節構造が存在したと考えることができるだろう．このような列状配置墓群内における重層的な分節構造のあり方は，縄文時代の墓制にもみることのできる埋葬群と埋葬小群という構造と対比することが可能である（山田, 2008b）．この場合，各埋葬小群は，二人の大人と複数の子供から構成される人間集団を含むことになる．実は，このような墓地構造は，山口県の土井ヶ浜遺跡においても確認でき（山田, 2000），列状配置構造を持つ墓地の基本構造であった可能性がある．問題はその人間集団とは一体何かということであるが，そのあり方からみて，縄文時代と同様に，おそらく核家族を中心とする小家族集団ととらえておいて間違いはないだろう（山田, 2014a）．

(2) 沖丈遺跡における墓地構造
a. 墓地の全体構造

沖丈遺跡は島根県邑智郡美郷町に所在し，江の川右岸の段丘上に位置する．1995年から96年にかけて邑智町教育委員会によって発掘調査が行なわれ，弥生時代前期の配石墓群が検出された（牧田編，2001）．配石墓群は2群検出されており，それぞれA群，B群と呼称されている．B群は保存のため調査されなかったため，ここではA群を対象として検討を進めよう．なお，これらA群とB群はその規模とあり方からみて，縄文時代の墓域にみることができる埋葬小群に対応するものと考えられる．

A群は，1号から12号までの12基の配石墓から構成される．配石の下部には楕円形，もしくは円形の土壙が存在し，内から管玉が出土したものが4基ある（図1.8）．また，各配石墓からは明確に時期を比定できるような土器の副葬品は出土

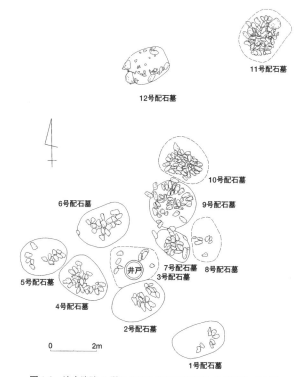

図1.8 沖丈遺跡A群における墓の位置関係（牧田編，2001）

していないが，周辺から出土した土器は，若干古相を持ちつつも，おおよそⅠ-2期に相当するものと思われ，配石墓群もこの時期の所産と考えられる．

b. 沖丈遺跡 A 群の構造

図1.8はA群における1号から12号配石墓の位置関係である．一見して，塊状配置構造であることがみてとれるが，このうち1〜10号墓は三角形状にまとまり，11・12号墓がこれらからやや離れて位置している．配石墓群の周囲には遺構の空白地帯があり，一つの埋葬小群が調査されたものと考えられる．

調査された配石墓は1・2・4・5・6・7・9・12号墓であり，これらのうち1・2・5・6号墓の土壙底面から管玉が出土している．3号墓は後世の井戸の掘削により破壊を受けており，詳細は不明である．また8・10・11号墓については，遺構保存の対象となり，下部構造は調査されていない．

報告者の牧田公平によれば，1・2・4・5号墓は，その掘り方が二段掘りになっていたり，土壙の底面が平坦であったりしたことから，下部構造として木棺が存在した可能性があるという（牧田編，2001）（図1.9）．また，これらの配石墓の土壙底面規模は，長さ 1.7〜1.8 m，幅 0.5〜0.9 m であり，埋葬姿勢は伸展葬であった可能性がある．その一方で，それ以外の配石墓の埋葬施設は底面の形状からみて土坑であったと想定され，長さが最大でも 1.4 m ほどであることからみて，屈葬で埋葬されたものと考えられるという．そうであるならば，沖丈遺跡の配石墓A群には，下部構造における埋葬施設として木棺と土坑の両者が存在しており，そして木棺を持つ墓から，管玉が主体的に出土しているということになる．

一方で，A群の11号および12号配石墓の上部配石内には石皿や磨石・砥石といった石器が含まれている．このような状況は往々にして縄文時代の配石墓にみられるものであり，そのあり方はきわめて縄文的ということができるだろう．

(3) 各遺跡にみる縄文的要素と弥生的要素

以上，山陰地方における弥生時代前期の墓地の代表例2遺跡を検討してみた．列状配置構造は弥生時代になってから確認される構造なので，いわゆる「弥生文化」の一環として山陰地方に入ってきたものに相違ない．一方，塊状配置構造に関しては，縄文時代以来の系譜を引いているものと考えることができる（山田，2000）．

しかし，塊状配置構造を持つ沖丈遺跡の場合は，さらに複雑な状況を呈している．A群内の配石墓のなかには，埋葬施設として木棺が使用された可能性のある

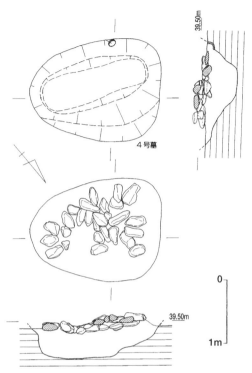

図 1.9　下部構造として木棺の存在が推定される 4 号墓（牧田編，2001）

ものが含まれている．これらの木棺墓例は伸展葬例と考えられ，下部埋葬施設が土壙のものは屈葬例と想定される．一般に弥生時代になると埋葬姿勢は伸展化することから，沖丈遺跡では縄文的な埋葬姿勢と弥生的な埋葬姿勢が混在していることになる．また，墓から出土した凝灰岩製管玉は，いずれもエッジがシャープな筒形状をしており，縄文時代の玉類に直接的な系譜を求めることはできない（図1.10）．沖丈遺跡の場合，縄文的な埋葬属性と弥生的な埋葬属性が混在していることになり，塊状配置構造をとっている墓地といえども，やはり縄文的な埋葬属性を維持しているのではなく，「弥生化」が起こっていたと理解すべきであろう．ここに当時の人々が墓制という最も精神文化を反映しうる部分で，縄文的世界と弥生的世界を揺れ動く様をみることができる．

　また，堀部第 1 遺跡においても，沖丈遺跡においても，墓地のなかに埋葬小群という分節構造が存在した．そして，各埋葬小群が小家族集団に比定することが

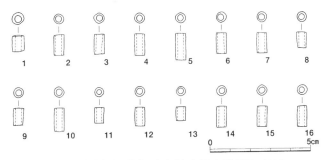

図 1.10 沖丈遺跡 2 号墓より出土した管玉（牧田編，2001）

でき，埋葬群がその集合体，そして一つの墓地が出自集団の共同墓地であったとするならば，その構造は縄文時代のそれとさして変わるものではない（山田，2014a）．山陰地方においては，列状配置構造を持つ堀部第 1 遺跡ですら縄文時代以来の伝統から大きくは離れていないとみることもできる．このことは，堀部第 1 遺跡においては，渡来系弥生人を主体とした集団のなかに，在地の縄文時代からの伝統をひく人々が存在していたことを示唆するものである．

前章において示したように，「弥生化」のプロセスが，土器様式にしてわずか数細分様式の間に完遂されたことから，筆者はこの地域における弥生化が比較的スムーズかつダイナミックなものであったと考えている．しかしながら，社会により密接な関係を持ちうると想定される墓制からみた場合，各遺跡には縄文的なるものと弥生的なるものの相克と葛藤の痕が残されており，その状況も一律に単純なものではなかったということが予想される．山陰地方における墓制や祭祀などの新たな精神文化の流入は，必ずしも渡来系弥生人の移住がそのまま在地における縄文的な要素を一気に塗りつぶしていったというような威力・高圧的なものではなく，やはり在地の縄文人の集団との接触・変容があり，さまざまな関係を通じながらやがては全体が弥生的なものへと遷移していったということになるだろう．

まとめ―「山陰弥生文化（仮称）」の提唱―

山陰地方における弥生時代前期においては，一見「弥生的」な墓地構造を持った遺跡にも，その実「縄文的」様相が内在されていた．また，「縄文的」墓地構造のうちにも「弥生的」なるものが取り入れられていた．この両者の差は，移住してきた渡来系弥生人の数的規模や入植時における地元民との関係性などに基づく

ものと想定できよう．「弥生化」において，一見スムーズな展開をみせたように思われる山陰地方においても，内実は細かいところでさまざまな相克と葛藤があったことがうかがわれる．このような状況は，本来は日本各地においてみられたものであろうし，まして縄文的な狩猟採集，そして植物の管理・栽培といった食料獲得によって十分生計が立てられた地域においては，なにも「弥生化」をあえて選ぶ必要はなく，その相克と葛藤は強かったと考えることもできるだろう．

　山陰地方は，「山陰縄文文化」が展開した地域である．そして，その独特の文化を基盤として，食料獲得経済段階である縄文時代から食料生産段階である弥生時代へとスムーズかつダイナミックに移行した典型的な地域である．そのように「弥生化」を遂げた山陰地方は，弥生時代という stage の後半においても独特な青銅器のあり方をし，四隅突出型墳丘墓というこれまた独特な墓制を発達させ，さらには絵画資料にみるように近畿地方におけるそれとはまた異なった独自の「神話」を創出した（山田，2006）．すでに幾人もの先賢によって指摘されてはいるが，これを弥生文化内における一つの phase，「山陰弥生文化（仮称）」としてとらえ，先の弥生文化の解体・脱構築の一例として提示しておくことにしたい．この概念は，当然ながらその範囲や内容を含めてさらに検討，ブラッシュアップされていくべきものであり，ここではあくまでも作業仮説の域を出ていない．本章において提唱した脱構築のモデルケースとしてあえて提唱しておき，諸賢のご批判を仰ぎたい．

参考文献

赤澤秀則編（2005）堀部第1遺跡，鹿島町教育委員会．
石川日出志（2010）農耕社会の成立（岩波新書），岩波書店．
小畑弘己（2016）タネをまく縄文人―最新科学が覆す農耕の起源―，吉川弘文館．
小畑弘己，佐々木由香，仙波靖子（2007）土器圧痕からみた縄文時代後・晩期における九州のダイズ栽培．植生史研究，15巻2号，pp.97-114.
岡本孝之（1994）東北大森文化続期論序説．神奈川考古，30号，pp.43-56.
岡本孝之（2015）弥生文化の拡大と限界．異貌，32号，pp.76-85.
小林行雄（1951）日本考古学概説，創元社．
酒詰仲男，篠遠喜彦，平井尚志（1951）考古學辭典，改造社．
笹山晴生，佐藤　信，五味文彦，高埜利彦編（2013）詳説日本史B，山川出版社．
佐原　真（1975）農業の開始と階級社会の形成．原始・古代1（岩波講座日本歴史1），pp.113-182，岩波書店．
設楽博己（2007）弥生時代の男女像―日本先史時代における男女の社会的関係とその変化―．考

古学雑誌，91巻2号，pp.136-184.
設楽博己（2008）弥生再葬墓と社会，塙書房.
設楽博己（2013）縄文時代から弥生時代へ．原始・古代1（岩波講座日本歴史1），pp.65-99，岩波書店.
設楽博己（2014）農耕文化複合と弥生文化．国立歴史民俗博物館研究報告，第185集，pp.449-469.
杉原荘介（1955）彌生文化（日本考古学講座4），pp.2-30，河出書房.
杉原荘介（1961）日本農耕文化の生成．日本農耕文化の生成，pp.3-33，東京堂出版.
杉原荘介編（1960）世界考古学大系2，平凡社.
杉原荘介編（1961）日本農耕文化の生成，東京堂出版.
谷口康浩（2005）環状集落と縄文社会構造，学生社.
辻　誠一郎（1989）植物と気候．弥生文化の研究1，pp.160-173，雄山閣.
中川　寧（2003）出雲地域における縄文・弥生移行期の遺跡の特徴について．立命館大学考古学論集Ⅲ，pp.207-230，立命館大学考古学論集刊行会.
中沢道彦（2012）氷Ⅰ式期におけるアワ・キビ栽培に関する試論―中部高地における縄文時代晩期後葉のアワ・キビ栽培の選択的受容と変化―．古代，128号，pp.71-94.
中沢道彦（2016）先史時代の初期農耕を考える―レプリカ法の実践から―，日本海学研究叢書.
西伯耆弥生集落検討会編（2001）山陰地方における弥生時代前期の地域相，第3回西伯耆弥生集落検討会資料集.
西本豊弘編（2006）新弥生時代のはじまり1，雄山閣.
西本豊弘編（2007）新弥生時代のはじまり2，雄山閣.
広瀬和雄（1997）縄紋時代に稲作はあった．縄紋から弥生への新歴史像，pp.30-51，角川書店.
藤尾慎一郎（2000）出雲平野における弥生文化の成立過程．国立歴史民俗博物館研究報告，第83集，pp.97-125.
藤尾慎一郎（2013）弥生文化像の新構築，吉川弘文館.
藤尾慎一郎（2014）弥生文化と砂沢文化．弥生ってなに？！，国立歴史民俗博物館企画展示図録，pp.110-111.
藤尾慎一郎編（2014）弥生ってなに？！，国立歴史民俗博物館企画展図録.
牧田公平（2001）沖丈遺跡，邑智町教育委員会.
松本岩雄（1992）出雲・隠岐地域．弥生土器の様式と編年，山陽・山陰編（正岡睦夫，松本岩雄編），pp.413-482，木耳社.
森本六爾（1935）考古学（歴史教育講座二），四海書房.
森本六爾編（1933）日本原始農業，東京考古学会.
文部省編（1947）日本歴史 上.
山田康弘（1999）縄文から弥生へ―動植物の管理と食料生産―．食料生産社会の考古学（現代の考古学3），pp.133-152，朝倉書店.
山田康弘（2000）山陰地方における列状配置墓域の展開．島根考古学会誌，17集，pp.15-38.
山田康弘（2002）中国地方の縄文時代集落．島根考古学会誌，19集，pp.1-32.
山田康弘（2004）三内丸山遺跡における墓域の基礎的検討．特別史跡三内丸山遺跡年報，7，pp.44-48.
山田康弘（2006）山陰地方の弥生絵画．原始絵画の研究―論考編―，pp.193-230，六一書房.

山田康弘（2008a）縄文時代における階層化社会の存否について．人骨出土例にみる縄文の墓制と社会，pp.286-293，同成社．
山田康弘（2008b）定住生活の始まり．山口県史通史編原始・古代，pp.223-257，山口県．
山田康弘（2009）縄文文化と弥生文化．弥生時代の考古学1，pp.165-183，同成社．
山田康弘（2010）縄文時代における「階層性」と社会構造．考古学研究，57巻2号，pp.6-21．
山田康弘（2014a）山陰地方における弥生時代前期の墓地構造—墓制からみた縄文／弥生の様相—．国立歴史民俗博物館研究報告，第185集，pp.111-138．
山田康弘（2014b）老人と子供の考古学，吉川弘文館．
山田康弘（2015）つくられた縄文時代—日本文化の源像を探る—（新潮選書），新潮社．
山内清男（1925）石器時代にも稲あり．人類学雑誌，40巻5号，pp.181-184．
山内清男（1932）縄紋式以後．ドルメン，1巻8・9号，pp.60-63，pp.48-51．
渡部義通，早川二郎，伊豆公夫，三沢　章（1936）日本歴史教程一，白揚社．

第2章 むら，まち，人口

松木武彦

　歴史とは，一つの世界が，長い時間の経過とともに形やしくみを変化させていくことである．人間世界の歴史の場合，社会，経済，政治など，変化をとらえうる局面はさまざまであるが，最も根幹をなすのは，その世界を構成する人間そのものの変化である．とりわけ，人の数とその営みの変化は，歴史の根幹といっても過言ではない．

　しかし，これらの変化を実証的に復元することは難しい．復元のデータとなる人そのものの生と死の痕跡，すなわち住居址と埋葬址とは，王や貴族のものはともかく，大多数を占める一般層のものは地上に顕著なしるしを残さない．ごく一部が発掘調査などの機会に発見されるのみである．このような限界性によって，特に人の数，すなわち人口とその変化の正確な復元は大きく妨げられている．

　とはいえ，私たちの住む日本列島では，1970〜80年代に整備され発展した埋蔵文化財行政制度のもとで，開発等に伴う遺跡の発掘調査と報告が義務づけられてきた結果，すでに数十万棟あるいは数十万基に及ぶ原始・古代の住居址や埋葬址が報告されている．発掘調査で出てきた住居址や埋葬址の計数をもとに人口とその変化をうかがう作業は，あたかも抽出検査のようなものであろう．抽出検査では，サンプルの数が多ければ多いほど確からしさが増す．現在までに発掘調査結果として蓄積された膨大な住居址と埋葬址の数による人口とその変化の復元は，かなり確からしい抽出検査の結果といってよいところにまで到達している．

　そういう認識を前提として，この章では，弥生時代の社会の変化が日本列島のなかでも典型的な形でたどられ，なおかつ発掘調査の報告が充実している岡山平野を舞台に，人口の変化を軸にした歴史過程の復元を試みたい．弥生時代の前期から終末期に至るこの地域の住居址数を時期ごとに集計し，AMS-炭素14年代測定法で得られた各時期の継続年数を算入して，実際に生じた過程にできるだけ近い人口の増減プロセスを推定する．また，このプロセスに沿って集落の分布や内

部構造が推移していく状況や，土器などの人工物の形や表現が展開していくようすをたどり，人の数とその営みがどのようにして社会や文化を変化させたのかを明らかにしてみよう．

2.1 岡山平野における人口と社会の変化

(1) 地理的・歴史的環境

岡山平野は，岡山県南部の瀬戸内海沿岸に沿って広がる，東西約 40 km の平地である．弥生時代の海岸線は現在よりも北に入り込んでいたので，平野の南北幅はいま以上に狭かった．

この平野には，前期の紀元前 8 世紀頃に水田稲作が伝わって農耕集落が現れ，ゆっくりと発展し，中期後半の紀元前 2〜1 世紀には数が急増した．その一部はいわゆる高地性集落として，丘陵や山頂に立地するようになる．紀元後 1 世紀になって後期に入ると，有力な集団を葬ったとみられる墳丘墓(ふんきゅうぼ)が発達し始め，紀元後 2 世紀の後期中頃には楯築(たてつき)墳丘墓のような大規模なものが現れた．そののち 3 世紀後半には大形前方後円墳(おおがたぜんぽうこうえんふん)が出現し，古墳時代に入った．

このように，弥生時代から古墳時代に至るプロセスにおいて日本列島の広い範囲で普遍的にみられる歴史事象が，岡山平野では順調かつ典型的に生じている．その事象の背景として，人の数とその営みにどのような変化が生じたのかを明らかにするための，好個の地域であることがうかがえるだろう．

海岸に沿って東西に細長い岡山平野は，3 本の大河川（吉井川(よしいがわ)・旭川(あさひがわ)・高梁川(たかはしがわ)）とその間を流れる中小河川（砂川(すながわ)・笹が瀬川・足守川(あしもりがわ)など）が形成した大小の扇状地や三角州が連なったものなので，細かくみるとそれぞれの河川の水系を軸とした小地域に分けることができる．そして，上記のような歴史事象やそれが根ざした人の動きも，しばしば小地域ごとに特徴的な展開をみせる．ゆえにここでは，岡山平野の主要部を七つの小地域に分け，それぞれの動きをあとづけていきたい．東から A 吉井川流域，B 赤磐(あかいわ)盆地域，C 旭川東岸域，D 旭川西岸域，E 笹が瀬川流域，F 足守川流域，G 高梁川東岸域である（表 2.1，図 2.1）．なお，人の数や動きの指標として表 2.1 に示す竪穴建物の計数は，重根弘和氏の作業（重根，2002）を出発点に，筆者がその後の調査成果分も加えつつ整理・集計したものである（松木，2011）．

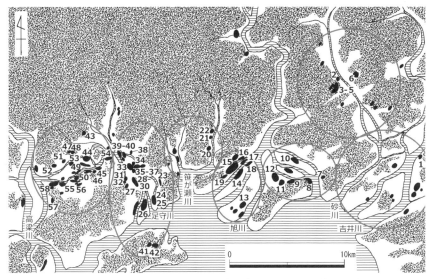

図 2.1 岡山平野の弥生時代集落の分布(番号は表 2.1 の遺跡名に対応)

(2) 弥生時代前期(紀元前 8 〜紀元前 5 世紀)

　弥生時代前期に営まれた初期の農耕集落は,竪穴建物(地表を掘りくぼめて床面としたもの)と地上式建物(柱で支えるなどして地表以上の高さに床面を設けたもの)とが,それぞれ 1 〜数棟ずつ組み合わさって一つの単位をなしている.前者は日常起居する「母屋」,後者は倉庫や作業場と考えられる.これらが,さしわたし数十メートルほどの空閑地を囲むように配置されて「屋敷地」を形成している.現在の農家の屋敷地と似るが,一つ異なるのは,この屋敷地内の一角に墓が営まれていることである.平面が小判形の比較的浅い墓穴に,脚を折り曲げた屈葬に近い状態(屈肢葬)で遺骸を埋めた土壙墓である.このような居住域と墓との近接,および屈葬に近い埋葬姿勢は,このあと中期中葉まで続く岡山平野の弥生時代の特色で,縄文時代の文化伝統がこの地域では遅くまで残ったことの反映とみられる.

　竪穴建物・地上式建物・土壙墓からなる屋敷地の単位が数個集まって,一つのむらが形成される.高梁川東岸域の南溝手,旭川西岸域の津島(図 2.2)などがその初期の実例である.平野を網目状に分流する各河川の小流路の間にヤツデの葉のような形に広がった狭い微高地に,これらのむらは立地している.そして,津島遺跡で確かめられたように,微高地の裾,小流路との間の低いところに小区画

表 2.1 竪穴建物と地上式建物の計数 (竪穴建物数/地上式建物数, 10 棟以上の数字を太字で示す)

地域名		遺跡名		弥生前期 前	弥生前期 中	弥生前期 後	弥生中期 前	弥生中期 中	弥生中期 後	弥生後期 前	弥生後期 後	古墳前期 前	古墳前期 後
A	1	船山	ふなやま					1/					
B	2	門前池	もんぜんいけ						22/	10/	4/	2/	
	3	用木山	ようぎやま						**68/40**				
	4	惣図	そうず						**40/6**				
	5	新宅山	しんたくやま						1/			**14/1**	**18/**
	6	斎富	さいとみ						3/	24/	1/		
C	7	目黒上山	めぐろじょうやま									15/	
	8	百間川米田	ひゃっけんがわよねだ				4/	**7/34**	**15/25**	5/1	2/1	8/1	**20/18**
	9	百間川兼基・今谷	ひゃっけんがわかねもと・いまだに				2/	1/1	3/	6/	**6/6**	9/	2/
	10	雄町	おまち								1/	**28/20**	5/
	11	百間川沢田	ひゃっけんがわさわだ		7/							**34/1**	
	12	百間川原尾島	ひゃっけんがわはらおじま		1/	4/				**47/17**	**51/6**		
D	13	鹿田	しかた						5/	5/	7/	**11/**	
	14	南方	みなみがた				1/	2/	6/	3/	1/	**11/**	**10/**
	15	津島	つしま		1/1			6/	3/	3/	**25/**	**19/**	
	16	津島江道	つしまえどう							1/	2/	1/	
	17	北方長田	きたがたながた						1/	2/			5/
	18	北方下沼	きたがたしもぬま										
	19	伊福定国前	いふくさだくにまえ								**31/**	**28/**	
E	20	大岩	おおいわ						3/	8/1	8/1	8/12	
	21	田益新田	たますしんでん			1/			/1	/2		1/	/1
	22	田益田中	たますたなか					5/1					
	23	吉野口	よしのぐち								2/	1/	
	24	中撫川	なかなつかわ							1/2	1/	1/	
	25	下庄	しもしょう						2/	2/	4/	5/	1/
	26	上東	じょうとう						**19/3**	**28/**	**25/**	**22/**	
	27	矢部堀越	やべほりこし						1/1	**18/**	**36/**	**76/**	
	28	足守川矢部南向	あしもりがわやべなみむかい						2/	1/	**19/**	**14/**	
	29	足守川加茂B	あしもりがわかもB										
	30	足守川加茂A	あしもりがわかもA										
	31	前池内・後池内	まえいけうち・あといけうち						**12/7**				

2.1 岡山平野における人口と社会の変化

		時期	BC600-375	BC375-175	BC175-AD25	AD25-100	AD100-200	AD200-300	AD300-375
F	32	黒住雲山 くろずみくもやま						264/3 6/	1/
	33	津寺 つてら					18/	7/	2/
	34	津寺三本木 つてらさんぼんぎ			4/3 17/7	49/5 5/			
	35	津寺一軒屋 つてらいっけんや				12/ 1/	26/ 3/		
	36	加茂政所 かもまどころ		1/1		1/2	12/		
	37	高松原古才 たかまつはらこさい		10/1 1/		33/	60/2	9/	36/ 2/
	38	立田 たつだ							
	39	高塚 たかつか			7/5	11/6	20/	6/ 6/	
	40	三手向原 みてむかいはら							
	41	奥坂 おくさか				5/			
	42	天神坂 てんじんざか							
	43	千引 せんびき			13/ 12/39			1/	1/
G	44	南溝手 みなみみぞて	2/1	4/3 6/	3/8	6/ 22/9 1/	1/	5/1 9/	4/
	45	窪木くぼき							
	46	窪木薬師 くぼきやくし			5/1 2.9				
	47	西山 にしやま							
	48	中山 なかやま							
	49	井手天原 いでてんばら					7/	7/	1/
	50	井手見延 いでみのべ				3/			
	51	金井戸新田 かないどにった	3/		1/			6/	
	52	諸上 むらげ						1/	
	53	大文字 だいもんじ						1/	
	54	鶴亀 つるかめ			2/			1/	
	55	三須畠田 みすはたけだ						1/	
	56	三須美濃田 みすみのだ						1/	
	57	殿山 とのやま							1/
	58	樋本 ひもと							
		時期の推定実年代	BC600-375	BC375-175	BC175-AD25	AD25-100	AD100-200	AD200-300	AD300-375
		継続年数概算	275	200	200	75	100	100	75
		時期別竪穴建物総数	16	52	272	301	368	637	102
		時期別掘立柱建物総数	2	43	152	45	18	39	19
		30年間当たり竪穴建物数	1.7	7.8	40.8	120.4	110.4	191.1	40.8
		30年間当たり地上式建物数	0.2	6.5	22.8	18	5.4	11.7	7.6

図 2.2 復元された初期の農耕集落（津島遺跡）

の水田が営まれていた可能性が高い．小地域ごとに，条件のよい微高地を選んで，このようなむらがおのおの水田を伴いつつ散在していたと考えられる．それぞれの間には，まだ多くの平地林が伐採されずに残っているような散漫な居住景観を想定することができよう．

　前期でも中頃にさしかかった紀元前6〜5世紀には，このようなまばらな散居形態といえども，むらの数そのものは岡山平野全体に広がるように，順調に増加した．さらに，こうしたなかに，やや特異なむらも現れてくる．旭川東岸域の百間川沢田では，径90m×85mの楕円形に環濠をめぐらせ，その内側に，6棟（後世に削られたものがある可能性を含めると，もとは10棟ほどか）の竪穴建物と数基の土壙墓がある（図2.3）．つまりこれは，南溝手や津島でみられた単位が3〜5個ほど集まった，より大きな集団で，それが環濠という特別な施設によって囲まれているという点で，並のむらとは異なった性格が考えられるのである．環濠内の墓にもまた円形の周溝を持つ特別なもの（円形周溝墓）があり，さらに竪穴建物のいくつかは，中央の炉をはさんで2本の柱を立てる松菊里式という様式である．

　むらや墓の周りに溝をめぐらせることも，松菊里式の住居も，朝鮮半島にルーツがある．この点から，百間川沢田の環濠むらに居を構えた人々は，そうした出自意識でもって周囲の人びととの違い，言い換えれば何らかのメンバーシップを誇示するような家族群であったかもしれない．しかし，彼ら彼女らが特段に豊かであったり上位であったりした形跡は，その出土品からはうかがえない．土器や

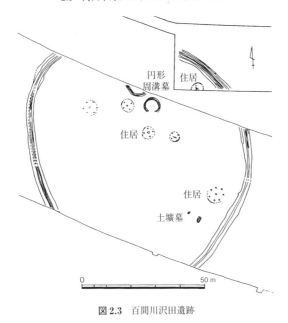

図 2.3　百間川沢田遺跡

石器の様式も，環濠を持たずに散居する家族たちのそれとまったく同じで，双方の間には実生活のうえで普通の交流があったと思われる．つまり，出自に関する自他の認識が，政治的優劣や経済的格差に結びつくことのない社会だったらしい．また，環濠も浅くて武器の発達も認めがたい点から，戦いに備えたむらだったとも考えにくい．

このような特別なむらは，前期後半までの短期間で姿を消し，そのあとには環濠を持たない普通の散居村が営まれるようになった．

(3) 弥生時代中期前葉〜中葉（紀元前 4 〜紀元前 3 世紀）

この時期の竪穴建物数は，前期と比べ，岡山平野全体で 3 倍強に増加した．炭素 14 年代測定法をもとにして求めた両時期の実際の長さを勘案すると，差はもっと拡大して 4.5 倍程度となり，人口が順調に増加した様子がうかがえる．むらの数そのものも 2 倍程度に増えている点からみて，一つのむらの居住人数が極端に膨らんだわけではない．

ただし，この時期には，一つのむらの構成も，1〜数棟の竪穴建物と地上式建物からなる単位が，二つ以上集まることが普通になっている．また，旭川東岸域の

百間川兼基・今谷（一つのむらだったとみられる）のように，地上式建物のみが多数まとまった区域が，大きなむらの内部には認められるようになる．

こうしたむらが，各地域の中枢として形成された．百間川兼基・今谷のほか，旭川西岸域の津島・南方（大きくみると一つのむらと考えられる），足守川流域の加茂政所，高梁川東岸域の窪木などはそれに当たるだろう．

(4) 弥生時代中期後葉（紀元前2～紀元前1世紀）

中期前葉～中葉に比べて，竪穴建物は，総数および，実際の年代の長さで割り振った実数ともに，約5倍に増加する．この急速な人口増加は，二つの方向で生じた．一つにはむらの大型化すなわち居住人数の拡大，もう一つにはむらの数そのものの増加である．中期後葉のむらの数は，中期前葉～中葉の約2.8倍に膨らんでいる．

旭川東岸域の百間川兼基・今谷，高梁川東岸域の窪木・南溝手（この二つも大きくみて一つのむらと考えられる）などは，それまでの中核的なむらがそのまま大型化した実例としてあげられるだろう．また，この時期に新たに出現した大型のむらのなかには，赤磐盆地域の用木山（図2.4），足守川流域の矢部堀越，高梁川東岸域の千引のように，丘陵の尾根上や斜面・裾など，従来よりも高い場所に立地するものが目立つ点には注意しなければならない．

その一方で，こうした高所に現れるむらには，竪穴建物・地上式建物1～数棟からなる単位が一つか二つ程度で形成された小規模なものもある．

人口の膨張およびむらの拡大・増加とともに重要なこの時期の現象は，墓が，むらとは別の場所に営まれるようになることである．居住域からの墓域の独立，と言い換えることができるだろう．

墓域は，平地のむらの場合はそれを見下ろす丘陵上に，高所のむらの場合には同じ丘陵の頂上部や，近くの別の尾根筋上に営まれることが多い．埋葬姿勢もこの時期から変わり，それまでの屈肢葬から，伸展葬（脚も含めて体を伸ばした姿勢で葬ること）となり，木棺の使用が一般化した．

墓域が独立した理由としては，人口の増加とむらの拡大・増加により，さらに広い居住域や生活域が必要となった結果，スペースが不足し，従来は利用されなかった丘陵上にそれを求めざるを得なくなったという物理的な事情もあるだろう．ただし，それ以上に，人口やむらの増加が社会関係の緊張を招くなか，各集団がその場所における自らの伝統や威信を示すことによって優位を保つべく，そ

図 2.4　用木山遺跡（神原，1977）

れぞれの墓域を顕在化させて誇示しようとする意識の高まりが，墓域の分離独立をうながしたとも考えられる．

(5) 弥生時代後期（紀元後 1～2 世紀）

　弥生時代後期の前半にあたる紀元後 1 世紀には，それまでの中期後半に比べて竪穴建物の数が，年代ごとの実数において約 3 倍に増加した．岡山平野では，後期に入ってもさらに人口増加が続いた可能性が高い．

　ところがこの時期，むらの数自体は横ばいか，むしろ微減している．このようすを詳しくみてみると，中期後葉に栄えていた高所のむらが軒並み姿を消し，その代わりに，新しいむらが平地に現れている．つまり，この時期には，多くの人口が低いところに集中するようになったのである．

　後期も後半の紀元後 2 世紀に入ると，平地のむらのうちでも特定のむらに，たくさんの竪穴建物が集中するようになる．旭川東岸域の百間川原尾島，同西岸域の津島と伊福定国前（隣りあった二つのむらだが，大きくみれば一つのむらといってもよい），足守川流域の矢部南向・足守川加茂 B（これも大きくみれば一つのむら）などがそれにあたる．こうしたむらでは，竪穴建物・地上式建物の 1～数棟からなる基本的な単位が複数まとまって一つのグループとなり，さらにそれがまた複数集まるという，3 段階ほどの重層的な集団構成が読み取れる．人口の増加と集中に伴って社会が複雑化したのである．

　むらにみられるこうした社会の複雑化と対応して，墓にも同様に 3 段階ほどの

重層化が認められるようになる（図2.5）．最も下の一般的なランクの墓は，数十
～百数十もの木棺が丘陵の頂上部や尾根上にぎっしりと密集したものである（図
2.5の6）．中位のランクは，それらのうち一部，数基から十数基ほどが溝や低い
墳丘で区画されたものである（図2.5の5）．そして最上位は，高い墳丘によって
区画された数基の埋葬である（図2.5の1）．それらの一部は，しばしば大型の木
棺に副葬品を伴う点から，特別な人物の埋葬とみなされる．複雑に重層化したむ
らの集団構成の，トップに立つ人物の墓であろう．

　現在のところ，このような特別な墓が最も著しく発達するのは足守川流域で，
弥生時代の墓としては日本列島最大級となる径約40 mの円形をした主丘部の向
かいあう位置に一対の突出部をつけた，楯築墳丘墓である（図2.5の1）．3基以
上の埋葬施設（うち1基は排水溝の確認のみ）を持つ特別な集団の墓とみなされ
るが，中央の1基はとくに大きく入念に造られた木槨（木棺の外側に，これを包
む箱状の枠を持った墓）で，多くの副葬品や供献品を伴っていた．足守川流域の
むらむらだけではなく，もっと広い範囲からの威信と名声を集めた有力者が，そ
の主であったに考えられる．

　このような人物が現れた足守川流域には，岡山平野全体におけるこの時期の竪
穴建物総数の6割強が集まっている．とくに，楯築に近い高塚および足守川加茂
B・矢部南向には，それぞれ60・36・25という多数の竪穴建物が集中する．これ
らの遺跡は，一連のむらのグループとしてとらえられ，そこに，岡山平野全体の
「人口重心」ともいえる中核地帯が形成されたことがうかがえる．つまり，人口が
均等に散在するのではなく，どこかに偏在・集中するという状況を前提条件とし
て，楯築の主のような特別な人物を頂点とする階層的な社会は作られていったの
である．

(6) 弥生-古墳移行期（紀元後3世紀）

　次の紀元後3世紀は，一般的な土器様式でいえば近畿の「庄内式」の新相に併
行する前半と，それに続く「布留式」の古相に併行する後半とに分かれ，前半に
ついては弥生時代の最終段階とする説と，古墳時代の初頭に含める見解とがある．
ただし，岡山平野のこの時期の土器様式である「下田所式」は，「庄内式」の新相
と「布留式」の最古相とにまたがりつつ併行する可能性が高い．ゆえにここでは，
「下田所式」の時期を「弥生-古墳移行期」としてひとまとめにして論を進める．

　この時期の岡山平野の竪穴建物総数は，実際の年代幅を考慮しても，弥生時代

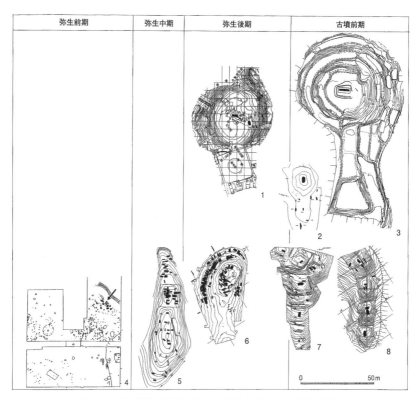

図 2.5 墓の変化（各図の黒い点が埋葬を表す．4 は矢印の先）
1 楯築（足守川流域），2 宮山（高梁川東岸域），3 浦間茶臼山（吉井川流域），4 南溝手（高梁川東岸域），5 四辻（赤磐盆地域），6 前山（高梁川東岸域），7 郷境（高梁川東岸域），8 殿山（高梁川東岸域）．章末「図版の出典」に記載の各報告書より．

後期後半の約 1.8 倍に増えている．引き続き，人口は順調に拡大したことがうかがえる．

それに加えてこの時期に顕著なのは，足守川流域へのますますの人口集中である（図 2.6）．人口の集中域は，一連のむらのグループよりももっと絞り込まれ，津寺という一つのむらへと焦点化する．そこには，確認されただけで 264 もの竪穴建物がみられる．

津寺のむらで最も注目すべきは，遠隔の地域から持ち込まれた土器が，多数出土することである．山陰・四国・近畿などのものが目立ち，東海や北陸のものも混じる．この事実は，津寺のむらの人々はそのような遠方の地域とつながりを保

弥生時代前期〜中期中葉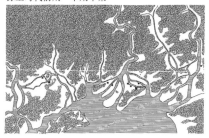

弥生時代中期後葉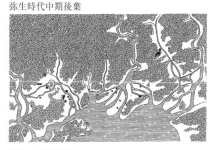

弥生時代後期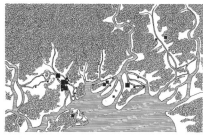

弥生-古墳移行期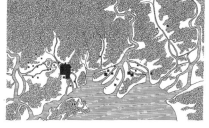

■200棟以上　■50-199棟　■25-49棟　▪10-24棟　・1-9棟

図 2.6 竪穴建物の分布の変化（松木，2014）

ち，少なからぬ人々をそこから迎えていたことを示す．そうした各地の主要な場所にも，津寺のような人口集中地が現れ，遠方各地からの土器が出土する．奈良盆地の纒向遺跡は，そのような人口集中地のもっとも大規模かつ代表的な例である．

このように，弥生-古墳移行期には，遠く離れた地域同士のあいだで人々の交流が盛んになり，それを担う場所として，津寺や纒向のような，地域の交流拠点ともいうべき性格を帯びて大型化したむらが出現したようすがうかがえる．ただ，津寺の景観は，これまでの発掘調査の成果によるかぎり，ほとんど竪穴建物ばかりが多数集まっているところであって，それをまとめる有力者の居館，神殿，倉庫群，防御施設などといった政治的な匂いがする施設は見つかっていない．つまり，都市と呼べるような要素は，そこには認められないのである．都市でもない，かといって従来どおりのむらでもないこうした性質を持った場所を，ここではさしあたり「まち」と呼んでおこう（松木，2011）．

「まち」の出現とともに，墓地の姿も大きく変わった．それまでは普通にみられた，木棺がぎっしりと密集した共同墓地はこのときに絶え，代わりに，1〜数基ず

つの木棺を収めた小さな墳丘が群れをなすという新しい姿の墓域が現れるのである（図2.5の7, 8）．同時に，これに先立つ弥生時代後期にすでに現れていた墳丘墓も，そこに含まれる棺の数が，数基〜数十基から1〜数基へと減少する．このような，一つの墳丘を占有あるいは共有する，1基または数基の埋葬の主は，個人ないしは個別の家族と考えていいだろう．つまり，この時期には，ともに墓を営む集団の単位が，むらに集まって住むような大きな共同体から，個人や個別の家族へと「分解」したのである．

このように個別化した墳丘墓のあいだには，まもなく規模などの格差が現れてくる．最も下位の一般的なランクは，一辺が10m内外の小さく低い方形墳丘墓が並んだもので，足守川流域の郷境(ごうざかい)（図2.5の7），高梁川東岸域の殿山(とのやま)（図2.5の8）などがその例にあたる．中位のランクは，一辺が20mほどにもなる少し大きめの方形墳墓群で，そのなかに，前方部をもったり（前方後方墳），それだけが円形に造られたりした特別な墳丘が現れる．例として，旭川西岸域の七つ坑(ようぐろ)（図2.7），赤磐盆地域の用木などがあげられる．最上位は独立して営まれた前方後円墳や前方後方墳で，足守川流域を望む山頂部に築かれた墳丘長120mの前方後円墳である中山茶臼山(なかやまちゃうすやま)などが，その最も顕著な例である．なお，この時期の岡山平野で最大の例は，吉井川流域にある墳丘長138mの前方後円墳・浦間茶臼山(うらま)（図2.5の3）であるが，岡山平野の中央部からは東方に離れたところに築かれている．

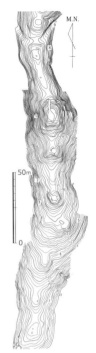

図2.7 七つ坑古墳群
（近藤・高井編，1987）

これまで，古墳は，農業生産力の発展とともに進んだ経済的格差の中で優位を占めた人々が，政治的にも支配的な立場を握って相互に組織化を進め，その表示として巨大かつ企画的な墳丘を営むようになったことで生み出されたとみなされてきた．その成立の筋道として，平等な共同墓地のうちから一部の有力化した集団の墓域が周溝墓(しゅうこうぼ)や墳丘墓として独立し，さらにその中から特定個人の埋葬が飛び出して大きな墳丘を持つ墓へと定型化していくプロセスが，考古資料からたどられてきた（高倉，1973；近藤，1983；寺澤，1990など）．こうして定型化した特定個人の大型墳墓が「古墳(こふん)」と呼ばれてきたのである．

しかし，ここでみてきたように，古墳とは，一部の人々の墓がしだいに大型化

していくという過程をへて出現したわけではけっしてない．そうではなく，共同体全体がまとまって一つの共同墓地を営むことをやめ，代わりに，その共同体を構成していた個人や家族が，それぞれ別個に，自分たちだけの個別の墳丘墓を築くようになったのである．墓作りの根本が変わるというこの現象の背後には，時代の画期となるようなきわめて大きな社会原理の変革がうかがえる．したがって，この変革を体現する個別の墳丘墓こそを，弥生時代の墓と区別して「古墳」と呼ぶべきであろう．古墳の特性として目立つ階層性は，その後になってから墳丘墓群相互やそのなかの墳丘墓同士のあいだで顕在化する，あくまでも二次的な現象であることが，岡山平野では明らかである．

では，古墳を成立させた社会原理の変化の正体とは，いったい何だったのだろうか．それは，弥生時代の帰結，すなわち弥生時代を通じて進んだ歴史的道筋の到達点であり，ひいては「弥生時代とはどんな時代だったか」という問題を解く鍵でもあるが，次節で列島全体の動きを大づかみにしたのちに，その答えに迫ってみたい．

2.2 人口と弥生時代社会の変化

以上のようにみてきた，岡山平野における人口の拡大やむらの変化と，「まち」の出現のプロセスは，日本列島の他の主だった地域においても，ほぼ共通して認められる．そのことを確認しておこう．

(1) 少ない人口と緩慢な変化（弥生時代前期）

弥生時代の最初の数百年間，すなわち前期が終わろうとする紀元前400年頃より前には，のちの後期や古墳時代と比べると人口は一ケタ以上も少なく，むらも小さくて，構造は比較的単純であった．社会構成もまた単純で，顕著な重層化の痕跡はみられない．金属器はまだほとんど用いられず，道具の主体は石器であり，土器の形態や表現も比較的シンプルで，型式変化のスピードも遅い．

人工物が型式変化を起こす原動力には，機能的・技術的要請と，より好まれる形態や表現を目指しての心理的・社会的要請とがあり，後者の力は，人口，すなわち人工物の作り手と使い手の数が多くて密集した環境でより強く働く．型式変化のスピードをつねに一定とみる見解が一部に根強いが，人類学的な観察事例や認知科学の近年のそのような解析知見からみて，成立の余地は乏しい．

(2) 人口の急増と変化の促進（弥生時代中期）

　人口の増加は，北部九州を中心とした地域では，紀元前 400 年頃を過ぎた前期の終わり頃から中期のはじめ頃にかけての時期を一つの画期として本格化したとみられる（小澤，2000）．岡山平野を含む西日本一円でも，人口は中期に入ると増加の傾向をつのらせ，中期後葉の紀元前 1〜2 世紀にはさらに拡大をみせる．岡山平野で認められたような高所へのむらの展開は，瀬戸内中〜東部から近畿中央部にかけてとくに盛んで，そのうち最も高い山稜上に現れたものは「高地性集落」としてかねてより注目されてきた．いっぽう，環濠は，岡山平野では前期をもってほぼ廃絶するが，近畿中央部や東海の濃尾平野などでは，環濠をさらに拡張したり多重化させたりしたむらが，この時期から発達する．さらに，中部高地や，南部を中心とする関東でも，農耕を生業とするむらが多数出現する．これらはいずれも，日本列島の主だった地域で，中期後葉に急激な人口増加が生じたことを示している．

　このような人口の増加と広範囲への拡大は，人工物の型式にも影響した．前期までは広い範囲で斉一的で，変化のスピードも遅かった土器が，中期以降になると地域ごとに形態や表現が多彩となり，型式変化も鋭敏かつ急速になる．この時期には，青銅器と鉄器とが現れ，とくに前者はおもに祭祀具として，地域ごとに独自の発達をとげた．さらに，一部の石器にさえ，形態の地域色が顕在化した（松木，2002）．

　この時期に顕著となる，こうした人工物の型式変化の鋭敏化と空間的な多様化のほとんどは，機能的・技術的な要請とは関係のない形態や表現に生じたものであるから，それが心理的・社会的要請に引っぱられた現象であることは疑いない．またこれが，各地に拡大して増加した人口のなかで生み出された現象であることもまちがいない．したがって，心理的・社会的な局面における人工物の多様化と，人口の拡大・増加とのあいだの因果関係は確実である．

　おそらく，各地での人口の増加と密度の上昇により，個人間や家族間，もっと大きな共同体やむらの相互間，あるいは地域間などのさまざまな位相において社会関係が複雑化した結果，競争や結束，帰属感，アイデンティティの共有といったさまざまな心理や意識が鋭敏化して，人工物の形態や表現にもそれが盛り込まれる度合が高まったと考えられる．前期とは異なる，多様かつ鋭敏な人工物のパターンの展開は，人口の拡大・増加・集中という動きが生み出した歴史事象として理解を進めるべきであろう．

(3) 人口の不均等化と流動化（弥生時代後期）

紀元後1世紀に始まる弥生時代後期には，それまではほぼまんべんなく進んでいた列島各地の人口増加に，不均等や不均衡が表面化した．たとえば岡山平野では，依然として順調な人口の増加がうかがえたのに対し，近畿地方では，全般にむらの数や規模に衰えがみえ，墓の数も減る（古代学研究会編，2016）．このような地域では人口の減少が起きていた可能性が高い．

岡山平野の楯築の主を典型とする特別な人物を頂点とした社会の階層化は，足守川流域でみられたような人口の増加と集中を前提として1～2世紀に進んだ事象であったと考えられるのに対し，人口が低迷した近畿中央部でそれほどの階層化の痕跡が認められないことは興味深い．そして，このような人口増減の地域的不均等の構図と重なるかのごとく，伝統的な青銅器祭祀になお固執した地帯と，楯築のような有力者の墳墓祭祀が発展した地帯とが並立するという図式が鮮明となる（図2.8）．すなわち，1～2世紀にかけて加速度的な人口の増加と集中があった場所で有力者を頂点とする社会の階層化が進み，人口が減ったり伸びが顕著でなかったりしたところでは伝統的な青銅器祭祀が残る傾向があったのではないかと考えられるのである．

もちろん，社会の階層化は，人口の増加や集中のような内的要因にだけではなく，文化の流入などの外的要因にも促進されるので単純には言い切れない．しかし，墳墓の地帯と青銅器の地帯との並立，それぞれの地帯の内部における墳墓の要素や青銅器の器種にみられる地域圏の併存，さらに土器の地域色の顕在化など，弥生時代後期にピークを迎えた人工物型式の空間的な多彩化については，いまみたような人口動態の不均等化によってもたらされた可能性を考えていく必要があろう．なぜなら，人工物型式の空間的なあり方を作り出すのは，人工物の作り手と使い手である人々そのものの数や分布，動きや関係性にほかならないからである．

(4) 新社会の構築—「まち」と古墳の出現—（弥生-古墳移行期）

こうした人口動態の不均等化，言い換えれば人口の増大とそれによる社会変化の進行度にみられた「地域的差異」が，急速に解消へと向かうのが，紀元後3世紀に入った弥生-古墳移行期である．

この時期には，遠隔地域間の土器の移動が示す人々の動き，つまり人口の流動性が，近畿を中心に九州から東日本まで，列島主要部の広い範囲で飛躍的に高ま

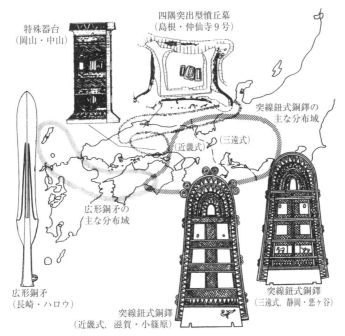

図 2.8　青銅器祭祀と墳墓祭祀の分化（松木, 1998）

った．このことは，人々の多くが，生まれ育ったむらや共同体の伝統的な人間関係や社会的日常から長いこと離脱し，遠く離れた地域に居ついて新しい社会関係を結ぶ機会が，にわかに増えたことを示す．

　人口流動性の高まりが，このようにして旧来の伝統的な共同体の結びつきを崩していったことが，岡山平野でみたように，共同墓地が解体して個人や個別家族の墳丘墓へと分立していった動き，すなわち古墳出現の要因となった可能性が高い．同じように個別化した墳丘墓が分立する現象は，北部九州，山陰，近畿などでほぼ一斉に認められることから（會下, 2015），古墳の出現は，西日本の広い範囲で連動した出来事であったと理解できる．ただし，すでに弥生時代中期から墓地が個別の墳丘墓（方形周溝墓）の形をとる東日本では，古墳の出現を，西日本からの影響や伝播のみで考える旧来の枠組みを去った，また別のシナリオでとらえ直さなければならない．

　ともあれ西日本においては，以上にみたように，個人や個別の家族が古い共同体に替わって居住や生活や墓作りの単位として前面に出てきた新しい社会の結節

点が，前の節でその出現をみた「まち」ということになるだろう．「まち」には，奈良盆地の纒向に接するホケノ山・勝山・石塚さらには箸墓や，福岡平野の比恵・那珂のなかに築かれた那珂八幡のように，個別化した墳丘墓のうちでも規模や内容の点でとくに卓越したものが伴う例が多い．これらの古墳は，「まち」を拠点とした遠距離交易などの新しい経済活動を掌握し，それを営む個人や個別家族が前面に出た新しい社会関係の上に立つことで力をつけた，新しい時代の有力者たちがその主であったと考えられる．

ただし，岡山平野の津寺のように，そこを拠点としたであろう有力者の墓が，必ずしも「まち」の中や近所に見当たらない例もある．津寺の有力者にふさわしい墓としては，前述の中山茶臼山が考えられるが，これは津寺から3km以上も離れた山頂にあり，同じ有力者の墓として先行する矢藤治山，ならびに後続する尾上車山とともに，南側に広がる瀬戸内海の展望，もしくはそこから仰視されることを意識した立地である．さらに，この時期の当地域の最大の古墳である浦間茶臼山が岡山平野の中央部からは東方に離れたところにあることも先に述べたが，これも，すぐ周囲に基盤となる大きなむらがあった形跡は薄い．むしろ，近畿などの東方から陸路または海路で岡山平野に入ってすぐの地点に築かれている点に，この古墳の意義があるのだろう．つまり，平野中央部のいずれかの「まち」を拠点とする有力者が，墓の立地をそういう場所に意図的に定めたものと考えられるのである．

「海浜型前方後円墳」という用語が近年とみに注目されているように，とくにこの時期の有力者の古墳は，長きにわたってそこで農業生産が積み重ねられてきたはずの平野よりもむしろ，海路や陸路の交通ルートを意識した立地を占めるものが多い（かながわ考古学財団編，2015）．あるいはまた，農業生産と関係するとしても，古くからの耕地よりもむしろ新たな開拓地に臨んだところに営まれたとみられる例が，東日本では注意をひいている（若狭，2015）．

これらの点から，この時期に列島の各地に現れた古墳の多くは，遠距離交易や耕地開発といった，いうなれば新しい経済活動の醸成を契機として成立した可能性が高い．すなわち，「まち」や交通路，開拓地などを基盤に，そこへ集った個人や家族を組織して交易や新田経営などの活動を領導した，新たな社会の成功者たちがその最初の主であった場合が多かったと推測されるのである．

もちろん，古くからの耕地で農業生産を続けてきた有力者も，古墳の造営から疎外されていたわけではない．そのような伝統的な活動と，いま述べたような創

生的な活動とが，新たなネットワークのもとに総合されたことが，弥生時代の終わりと古墳時代の始まりとを告げる社会経済的な変革であり，その舞台を「まち」，それを行なった人々の新しい社会関係の表示を「古墳」と理解することができるだろう．

(5) 人工物型式のあり方からみた弥生-古墳移行期

この変革は，人工物型式の空間的なあり方をも，大きく転換させた．弥生時代後期までは鮮やかに認められた土器の地域色が，弥生-古墳移行期を境にして，にわかに薄まったのである．そうして成立する古墳時代の「土師器」は，中～後期の弥生土器に比べると，列島の広い範囲で相当に斉一的である．

土器も含め，弥生時代中～後期に最も顕著となった人工物型式の地域色は，前に述べたように，列島各地で人口が増え，共同体やむらや地域社会がぎっしりと居並んで社会関係がだんだん複雑化していくにつれて強化された．つまり，そのように複雑化した社会関係のなかで強まった，競争や連帯などの心理や意識を映し出す媒体としての役割を，土器の文様，青銅器の種類，墳墓の形状などが受け持つことになったのである．このような地域色が，人口動態そのものに地域差が強まった後期に，さらに鮮明化したことも先に述べた．

そうであるとすれば，人工物型式のこうした地域色が解消に向かうという弥生-古墳移行期の動きは，それまでの地域色の基盤となっていた上記の社会関係そのものが解体したことの反映にほかならない．具体的にいうと，人口が流動化し，個人や家族が移動した先で紐帯を作り出したり，経済活動を組織したりすることによって，旧来の地域関係を崩した新しい広域のネットワークが，社会の基軸となっていった．このようななかで，もはや土器は，旧来の地域的な社会関係のなかで育まれた心理や意識を盛り込む媒体としての役割を失って，文様や複雑な造形をなくし，結果として，その部分に最も色濃く表出されていた地域色を大きく後退させるに至ったのだろう．地域的な社会関係の最もストレートな表現媒体であった青銅器が消滅したことについても，同じ背景が考えられるかもしれない．

こうみてくると，前方後円墳を代表とする古墳の斉一性に関しても，従来の考え方に加えて，別の説明のしかたがありうるだろう．これまでは，奈良盆地を中心とした近畿の勢力が創出した葬送様式が，それに服属あるいは連合した各地有力者に受け容れられたという政治的な解釈が，古墳の斉一性に対してはとられてきた．しかし，古墳の成立は，さきにみたとおり，少なくとも西日本一円では，

墓を営む主体が旧来の大きな共同体から個人や個別の家族に「分解」することによって起こった，社会のもっと根本的な変革に根ざした現象である．このような墓制の根本が，列島の広い範囲の一般層のあいだでいっきに共有されたという現象は，一部の有力者の前方後円墳相互間に指摘される斉一性に負けず劣らず重要な現象とみなければならない．その背景には，土器の地域色解消や青銅器の消滅と根を同じくする，新たな社会関係の再編とネットワークの創出という本質的な時代の移行があったと思われるからである．

まとめ

　本章では，歴史の最も根本をなす人口の動きを見すえながら，むらむらの中から「まち」が現れてくるさまと，それと連動して「古墳」が発生するようすを描き出すことによって，次の古墳時代に向かって弥生時代の社会が変化していくプロセスをあとづけた．

　人口がまだ散漫で人工物型式の変化も遅かった前期から，急速に人口が増え，各地域を舞台とした社会関係が複雑化して人工物型式が鋭敏かつ多様に発展した中期．人口の動きに激動が生じた後期をへて，広い範囲で人口が流動化したことにより新たな社会へと再編されていった弥生-古墳移行期．人口の動きが，社会や文化を変化させる，最も根本的な力になったことを描き出そうとした．

　残された課題として，人口そのものがなぜ変動するのか，という問いがある．人口が順調に増加・拡大する局面のみならば，これまでの歴史理論の主柱をなしてきた史的唯物論の「生産力発展」でも，説明は可能である．だが，それが減ったり，あるいは分散したり集中したりする過程も実際に存在し，それが社会の変化に大きな影響をもたらしたこともまた確実である．こうした過程が生じる根本的要因については，人口にとっての外的な影響，すなわち環境の変化を想定せずにはすまない．

　環境の変化は，高精度で古気候を復元する研究のめざましい進展によって，実証的にとらえられつつある．また，AMS炭素14年代研究法や年輪年代法による実年代比定を媒介にして，考古学から復元される実際の歴史事象と環境の変化を照合する作業も行なわれている．本章で述べてきたことにこれらの成果を加味することによって，環境と人間社会との相互関係を軸とする新たな次元の歴史叙述を導くことが，次の課題となるだろう．

参考文献

会下和宏（2015）墓制の展開にみる弥生社会，同成社．
小澤佳憲（2000）弥生集落の動態と画期─福岡県春日丘陵域を対象として．古文化談叢，44集，pp.1-37．
かながわ考古学財団編（2015）海浜型前方後円墳の時代，同成社．
古代学研究会編（2016）集落動態からみた弥生時代から古墳時代への社会変化，六一書房．
近藤義郎（1983）前方後円墳の時代，岩波書店．
重根弘和（2002）岡山県南部の弥生時代集落遺跡．環瀬戸内海の考古学─平井勝氏追悼論文集─，上巻，pp.343-362，古代吉備研究会．
高倉洋彰（1973）墳墓からみた弥生時代社会の発展過程．考古学研究，20巻2号，pp.7-24．
寺澤　薫（1990）青銅器の副葬と王墓の形成（北部九州と近畿にみる階級形成の特質1）．古代学研究．121号，pp.1-35．
松木武彦（1998）「戦い」から「戦争」へ．古代国家はこうして生まれた，pp.163-216，角川書店．
松木武彦（2002）讃岐平野における打製石鏃の長期的変化．犬飼徹夫先生古稀記念論集 四国とその周辺の考古学，pp.405-424，犬飼徹夫先生古稀記念論文集刊行会．
松木武彦（2011）古墳とはなにか─認知考古学からみる古代─，角川学芸出版．
松木武彦（2013）墓と集落および人口からみた弥生～古墳移行期の社会変化─吉備南部を分析対象として─．古代吉備，25集，pp.1-21．
松木武彦（2014）人口と集落動態からみた弥生・古墳移行期の社会変化．国立歴史民俗博物館研究報告，第185集，pp.139-154．
若狭　徹（2015）東国から読み解く古墳時代，吉川弘文館．

図版の出典

江見正巳ほか編（2000）高塚遺跡・三手遺跡2．岡山県埋蔵文化財発掘調査報告150，日本道路公団中国支社津山工事事務所・岡山県教育委員会．
神原英朗（1973）四辻土壙墓遺跡・四辻古墳群 他 方形台状墓発掘調査概報3編．岡山県営山陽新住宅市街地開発事業用地内埋蔵文化財発掘調査概報3，山陽町教育委員会．
神原英朗（1977）用木山遺跡 他 惣図遺跡第二地点・新宅山遺跡．岡山県営山陽新住宅市街地開発事業用地内埋蔵文化財発掘調査概報4，山陽町教育委員会．
近藤義郎編（1992）楯築弥生墳丘墓の研究，楯築刊行会．
近藤義郎，高井健司（1987）七つ坑古墳群，七つ坑古墳群発掘調査団．
近藤義郎，新納　泉編（1991）岡山市浦間茶臼山古墳，浦間茶臼山古墳発掘調査団・真陽社．
高橋　護，近藤義郎（1987）宮山遺跡，総社市史，考古資料編．
團　奈歩編（2005）津島遺跡6．岡山県埋蔵文化財発掘調査報告190，岡山県教育委員会．
中野雅美編（1994）山陽自動車道建設に伴う発掘調査8．岡山県埋蔵文化財発掘調査報告89，日本道路公団広島建設局岡山工事事務所・岡山県教育委員会．
平井泰男ほか編（1995）南溝手遺跡1．岡山県埋蔵文化財発掘調査報告100，岡山県教育委員会．

平井　勝（1982）殿山遺跡・殿山古墳群．岡山県埋蔵文化財発掘調査報告47，岡山県教育委員会．
物部茂樹編（1997）前山遺跡・鎌戸原遺跡．岡山県埋蔵文化財発掘調査報告115，岡山県教育委員会．

第3章 金属器との出会い

藤尾慎一郎

　この章は,『国立歴史民俗博物館研究報告』第185集に所収されている藤尾論文「弥生鉄史観の見直し」と野島永論文「研究史からみた弥生時代の鉄器文化」をあわせて,弥生時代の鉄の問題を中心に扱ったものである.主な目的は前5〜前4世紀に水田稲作が始まると考える弥生短期編年と前10世紀に水田稲作が始まると考える弥生長期編年では,鉄の問題がどのように異なる展開を見せるのか? という点にある.前者における鉄は,水田稲作の開始と同時(前5〜前4世紀)に出現し,当初こそ木製品の細部加工に使われる程度であったが,前期末(前180年)になると,弥生人による鍛冶による鉄器作りも始まり,急速に普及して,生産力の増加と人口の増加をもたらし,階級社会を成立させる生産基盤を強化する道具として位置づけられてきた.まさに弥生時代は「イネと鉄」の時代と考えられてきたのである.

　一方,弥生長期編年のもとでの鉄は,水田稲作の開始後約600年すぎてから現れ,当初は木製品の細部加工に使われる程度である点は,弥生短期編年の場合と変わらない.そして前3世紀頃から九州北部に鍛造の斧や工具などが現れて普及し始める.そして紀元後(中期末)になると九州北部では穂摘具(ほつみぐ)を除いて鉄器化が完了する.しかし最古の前方後円墳が成立する近畿中枢部において鉄器が普及するのは2世紀(後期後半)をすぎてからであり,とても鉄が古墳文化を成立させる原動力になったとは考えにくい状況にある.長期編年における鉄の位置づけは短期編年に比べて相対的に落ちているといってよい(野島,2014).少なくとも弥生土器,水田稲作,鉄という弥生文化の三大要素の一角から鉄が脱落することになる.

　しかし,鉄が水田稲作と並んで弥生時代を一つの独立した時代として縄文時代や古墳時代と区別する大きな根拠の一つであったことを考えると,鉄の相対的な位置づけの低下は,日本の先史時代の時代区分そのものにも再考を迫ることにつ

ながりかねない．はたして三大要素を重視して時代区分を変えるのか，鉄を重視せず現状の枠組みを維持するのか．

現在の弥生鉄史観は，AMS-炭素14年代測定をもとに構築された弥生長期編年という時間軸のもとで，古代中国の金属学的な研究成果と，90年代以降の若手研究者の研究実績のうえに作られたものであるが，その結果，弥生時代という時代設定そのものに再検討を促しているのかもしれない．本章では，弥生文化と鉄に関する研究史を概観したうえで，弥生人と鉄の歴史について時系列に沿って叙述して，最後に時代区分や弥生文化とは何かという問題にまで踏み込んでみたい．

3.1 弥生短期編年における鉄史観

国立歴史民俗博物館（以下，歴博）が弥生長期編年を発表する前から，若手研究者による弥生時代の鉄史観の見直しは始まっていたし，弥生中期末以降の年代観は炭素14年代に基づいてもほとんど変わっていないので，最も見直しが必要なのは水田稲作の始まりが約500年さかのぼることで，存続幅が2～3倍に広がった弥生早・前期・中期前半までの鉄史観である．

ここではまず，90年代以前の弥生短期編年における弥生鉄史観について記述しておこう．以下は筆者が2009年にまとめたものの引用である．

> たとえわずかながらの存在であっても，高坏（たかつき）など祭祀（さいし）用の木製容器の細部を加工するための利器として農業の開始と同時に使われ始めたと考えられてきた弥生文化の鉄器は，前期後半～末には早くも弥生人自ら製作を始め，中期後半には高度な加熱型の脱炭処理を行う技術レベルまで達し，後期の原始鍛冶段階をへて弥生製鉄の開始へ至るという，急速な鉄生産技術の発展段階論のなかで位置づけられた．
>
> とくに鉄は中期末における開墾用打鍬（うちくわ）の普及をへて可耕地開発が進んだ近畿と，鉄先進地域であった九州北部との抗争の結果，朝鮮半島南部にあった鉄の大生産地とそこからの供給ルートに関する権益が近畿に移ることで，前方後円墳成立のための生産的・政治的基盤が確立するための基礎となったと説かれた．これは古墳の成立に，鉄器の普及にともなう生産力の増強が不可欠であるという考え方に根ざしたものである．
>
> （中略）

佐原真のいう，世界でもまれにみる急速な古代化は，農業の開始と鉄器の使用開始からわずか600〜700年で古代国家を成立させるに至るという右肩上がりの成長論を前提に語られたのである．山内清男が最初に指摘し，唐古遺跡や登呂遺跡の調査で実際に確認された弥生後期における石器の消滅を根拠とする鉄器の普及仮説は，石器が消滅するという証拠にもとづいて，間接的に鉄器の普及を説かなければならないというその特徴から，鉄器は実際に普及していた，いや普及していなかったという議論に陥りがちである．石製利器が見つからない事実と鉄器の普及とを結びつけるのか，それとも石器の減少に何か別の要因があるのか，野島の意見（野島，2009a）も参考にしながら，その社会的背景を探るしかないと考える．そしてこの問題は最終的に，鉄器が普及していなければ古墳が成立し得ないのか，という古墳時代成立論の見直しまで波及する可能性がある（藤尾，2009：13）．

以上のように，弥生短期編年のもとでは，弥生時代の始まりと同時に出現した鉄器が，わずかとはいえ，金石併用期の様相を呈していたが，早くも前期末からは弥生人が鍛冶による鉄器製作を始め，鉄刃農具を中心とする鉄器の普及が生産力の増大をもたらし，古墳時代への道筋を作る原動力となったと理解されていたのである．

3.2 弥生文化と鉄をめぐる研究史

(1) 弥生文化の三大要素の一つである鉄

鉄は弥生文化の三大要素の一つとして，弥生式土器や農業とともに戦前から重要視されてきた．もともとコメと金属器が弥生式土器に伴うからこそ，縄文土器や土師器とは異なる文化に属する土器として大正時代に認識されることになったという経緯がある．一つの独立した時代として弥生時代が設定されたのは鉄があったからといっても過言ではない．

イネと鉄はいつ頃出現するのか，この問題をめぐる弥生文化の研究史をひもといてみることにしよう．早くも戦前において，イネも鉄も弥生前期に存在した可能性が指摘されていた．奈良県唐古遺跡の発掘調査で，前期の遠賀川系土器にコメが伴い，鉄器の加工痕がみられる木製品などが見つかっていたからである．それでも小林行雄は利器の主体は石斧類であり，金属器の使用は限定的と考えてい

た.

　では前期のいつからあったのか，つまり前期の最初からあったのなら，イネと鉄が弥生文化を成立させた要因であった可能性がある．イネと鉄の正確な出現時期を調べるための総合調査が，戦後に発足したばかりの日本考古学協会のもとに置かれた特別委員会によって西北九州を舞台に行われることになった.

　その結果，60年代には熊本県斎藤山遺跡の調査で鉄が前期の初めから存在していたこと，イネに関しては佐賀県宇木汲田貝塚の調査で晩期末から存在した可能性がわかってきた．このことは弥生文化が，農業の始まりと鉄器の出現がほぼ一致する世界で唯一の先史文化であることを意味した．しかも鉄は縄文文化とは無関係な大陸系の要素なので，弥生文化は大陸文化の強い影響のもとに成立したという見方が強まる根拠になったのである．当時は前3世紀に弥生時代が始まったと考えられていたので，すでに鉄器時代に入っていた戦国時代の終わりから秦・漢の影響のもと，弥生文化は成立したと考えられた（近藤，1962）．春成秀爾によれば，弥生時代の当初から鉄器時代であったとする考えは杉原荘介に始まり，近藤によって継承・普及したという（春成，2006）．

　さらに弥生最古の鉄器と判断された斎藤山遺跡出土鉄斧が，炭素量が低い鍛造鉄器であるとの化学分析結果を受けて，戦国時代，鍛造鉄器の産地として知られていた楚の国との関連が注目され，鉄もコメと同様，中国南部の産物という理解が広まったのである．

　一方，和島誠一や村上英之助が実施した弥生時代の鉄器の化学分析の結果は，炭素量の高い鋳造鉄器が多いというものであった．したがって弥生文化は，炭素量の低い鍛造鉄器と高い鋳造鉄器の二者を当初から持つ文化と考えられたのである．

　このように弥生時代の当初から鍛造鉄器と鋳造鉄器があったため，農耕という新石器時代の要素と鉄器という鉄器時代の要素が同時に出現する，世界でも唯一の先史文化として位置づけられることとなった．

(2) 縄文時代の鉄器の発見

　70年代の終わり頃から九州北部では重要な発見が相次いだ．福岡県板付縄文水田の発見を皮切りに，佐賀県菜畑遺跡における晩期後半の水田の発見，福岡県曲り田遺跡における晩期後半の突帯文土器に伴う鉄器の発見である．

　水田や鉄器が伴った突帯文土器は縄文晩期後半～最終末に比定される土器だっ

たので，このままでは農業と鉄器という弥生文化の三大要素のうち，二つの要素が弥生文化特有の要素ではなくなってしまう．弥生文化を成立させた大陸系の要素である鉄器が縄文晩期からあったことになると，大陸文化の強い影響のもとに弥生文化が成立したというよりも，縄文文化からの内的発展のもとに弥生文化が成立した可能性が高くなる．この時期の一連の発見は弥生文化研究の歴史上，大きなパラダイム転換を意味していたのである．

しかし板付遺跡で見つかった水田稲作関連の遺構や遺物は，弥生文化の所産としてもまったく遜色のないものであったため，これを縄文文化の所産とみるのには無理があった．それは佐原真が1975年に提唱した弥生時代の定義とも抵触するからである（佐原，1975）．その定義とは，弥生時代とは日本で初めて食料生産（水田稲作）が始まった時代で，その時代の文化を弥生文化，その時代の土器を弥生土器と呼ぶ，というものである．

佐原がこの定義変更を行ったのは縄文の水田も縄文の鉄器も見つかる前なので，発表時は弥生土器の時代を弥生時代にするという定義からの単なる変更という理解にとどまっていた．しかし一連の発見を受けて，佐原は九州北部の突帯文土器の段階を弥生時代に含め，弥生先Ⅰ期（弥生早期）を設定．これによって弥生文化の三大要素の所属時期を変更する必要はなくなり，水田稲作と鉄器は弥生時代の始まりと同時に出現するというイネと鉄の弥生文化観は維持されることになった．

(3) 水田稲作前10世紀開始説の衝撃—弥生前期後半以前の鉄器がなくなる—

歴博によるAMS-炭素14年代測定の結果，水田稲作の開始が500年ほどさかのぼることになると，鉄器が水田稲作と同時に出現するという説はきわめて都合が悪くなる．なぜなら前10世紀といえば中国でも，中原で隕鉄をパーツとして用いた青銅器が見つかるぐらいで，まだ人工鉄が作られていない段階だからである．ましてや中原から遠く離れた辺境の地である日本列島に人工鉄である鍛造鉄器（曲り田）が存在することはあり得ない．

ここで鉄器の研究は二つの方向へ向かうことになる．一つは春成が行った，弥生早・前期に比定されている鉄器の出土状況の検証（春成，2003）．もう一つが，「だから弥生時代は500年もさかのぼらない．歴博の年代観は間違っている」というものである．

最終的に現在の学界は，前期末（前4世紀前葉説と前300年説がある）に鉄器

が現れること，前期末以前に比定されている鉄器は基本的に厳密な出土状況をおさえることができないので，正確な時期を特定できないこと，の2点で落ち着いている．つまり日本の鉄器は，水田稲作の開始から約600〜500年ほど遅れて出現すること，水田稲作は石器時代に始まったことが共通認識になっている．弥生文化を成立させた大陸系要素は，いまや鉄器が外れて水田稲作だけになってしまった．弥生早・前期は新石器時代という認識である（春成，2006；黒崎，2016）．

(4) 楚の鉄から燕の鉄へ―金属学的調査の進展―

当初から炭素量の低い鍛造鉄器と炭素量の高い鋳造鉄器の二つがあると考えられていた弥生時代の鉄器だが，80年代以降，中国古代の鉄や弥生時代の鉄器の分析を行なってきた大澤正己が，弥生前・中期前半までの鉄器は，中国東北部にあった燕で作られた炭素量の高い鋳造鉄器だけであること，その鉄器とは可鍛鋳鉄や鋳鉄脱炭鋼であることを突き止めた（大澤，2004）．

ではなぜ当初から鍛造鉄器と鋳造鉄器が存在したという化学分析の結果が報告されたのであろうか．それは可鍛鋳鉄や鋳鉄脱炭鋼などの，炭素量を下げて（脱炭），利器として実用化するための熱処理を施した鉄器の刃部を分析したことに原因がある．つまり脱炭処理された刃部を分析すれば鍛造鉄器という結果が出るし，脱炭処理を施さない斧の身の部分を分析すれば鋳造鉄器という結果が出るからである．同じ個体でも，分析箇所が異なれば炭素量が異なることが原因だったのだ．

現在，九州北部で鍛造鉄器が出てくるのは鋳造鉄器の出現から100年ほど遅れた前3世紀（中期前半）になってからである．

(5) 弥生人の鉄器製作―火を使わない鉄器製作の存在―

70年代以降，弥生人は前期末から鍛冶によって鏃や刀子などの小鉄器を作り始め，中期後半には炭素量の調節を行うような高度な鍛冶技術を持つに至り，やがて弥生後期には鉄鉱石を原料とした製鉄を始めたという説が存在した．

しかし90年代以降，野島永が器種がよくわからない不明鉄器の考古学的研究を行い（野島，1992），村上恭通が鍛冶炉の構造研究を進めたことで（村上，1998），火を用いない石器製作の要領で小鉄器を作ることから弥生の鉄器作りは始まり，前2世紀以降，防湿施設を備えた地下構造を持つ鍛冶炉で，鉄斧や木製の鋤や鍬の刃先に鉄の刃をつけた鉄刃農具を作ることができるようになったことが明らかになってきた．

(6) 鉄器の普及と古墳時代の始まり—「見えざる鉄器」論から「見えている鉄器」論へ—

山内清男や小林行雄の「見えざる鉄器」論以来，石器の消滅を鉄器の普及と解釈する研究者によって，古墳成立論が説明されてきた．すなわち後2世紀後半を弥生中期末以降に比定することで，開墾用打鍬の普及が可耕地開発を可能とした近畿中枢部が，瀬戸内中部とともに朝鮮半島東南部のいわゆる弁辰の鉄の権益とそこからの供給ルートを，九州北部から奪取する倭国乱をへて，前方後円墳を創出するための生産的・政治的基盤を確立するための基礎を作ったとする考え方が，90年代までの古墳成立へと至る過程を説明する仮説の中心であった．

こうした「見えざる鉄器」を根拠とした説明に対して，「見えている鉄器」，すなわち実際に出土している鉄器の実証的研究と鍛冶炉の構造研究をもとに，弥生後期における鉄器普及の実態と古墳時代への転換を説いたのが，広島大学の川越哲志とその門下生である村上恭通や野島永である．

近畿中枢部における鉄器の出土量は，倭国乱の以前と以後では変化がなく，また近畿中枢部にリサイクルを行えるような高温処理を可能とする鍛冶炉（後述するような村上のⅠ・Ⅱ類）は3世紀後半にならないと増加しない．したがって出土する鉄器が九州ほど多くはない根拠としてはリサイクル説を使えないことを明らかにした．

こうした研究をベースに，現在の古墳時代開始論は鉄といったハードウェアではなく，祭祀や政治などの要因で説明する傾向がある（土生田, 2009）．生産力向上の基盤となる鉄が乏しくても，巨大な前方後円墳は成立し得たのであり，ここに古墳時代開始の理由の一つが隠されているといっていいだろう．

(7) 鉄からみた弥生時代

およそ1200年続いた弥生時代を鉄に注目して段階ごとに分けると次のようになる．

① 前半の約600年は石器だけの段階（〜前4世紀末まで）の石器時代，
② 前期末〜中期初頭の約100年間は，鉄器が木製容器の細部加工に使われる程度で，石器の補完として存在した段階（前380〜300），
③ 九州北部で開墾や伐採などの面においても石器から鉄器へ変わっていく段階（中期前半〜中期末），
④ 最後に石庖丁を除く石器が消滅して鉄器に変わってしまうまでの九州北部の

中期末以降（後1世紀）の250年間に分けることができる．

弥生時代は鉄とは無関係に始まり，水田稲作が始まってから約600年後に鉄器が出現するも，当初は石器の補完として使われる程度で，本格的に使われるようになるのは九州北部では水田稲作が始まってから約650年後，近畿中枢部にいたっては900年ぐらいたった弥生中期末以降なのである．

こうしてみると，弥生時代に鉄器時代といえるのは少なくとも後1世紀以降（中期末）の九州北部だけとなる．山内清男は古墳時代こそ鉄器時代と考えたが，九州北部を除く地域では，開墾用打鍬や伐採用の鉄斧が普及する古墳時代こそが真の鉄器時代であり，九州北部以外の地域では山内清男の見解が結果的に妥当であったといえるのかもしれない．

3.3 鉄の種類と工程

(1) 鉄の種類

鉄は含まれる炭素量の違いによって，軟らかく加工しやすい鉄から硬くて加工が難しい鉄まで数種類に分かれる．炭素量が2%以上含まれる鉄は鋳鉄（ちゅうてつ）と呼ばれ，溶けた鉄を鋳型に流し込んで，斧や仏像，鉄瓶などを作るのに使われる．硬いがもろいという性質があるので，ナイフなどの利器には向かない．弥生人が最初に出会った鉄こそ中国東北部で作られた鋳造鉄器であった．前4世紀前葉（前期末）のことである．

炭素量が2%以下の鉄器は鋼（はがね）と呼ばれ，軟らかいが腰があって粘りがあるため武器や農工具などの利器に用いられる．弥生後期以降に増え始めるのは，朝鮮半島で作られた加工が容易な軟鋼である．弥生人は前3世紀（中期前半）頃から交易によって手に入れるようになる．

(2) 中国の鉄の歴史

東アジア最初の鉄は中国の商代に出現した隕鉄（いんてつ）である．その名のとおり鉄製の隕石を指す（図3.1）．前14世紀，刃部に隕鉄を使用した青銅器（鉞・戈・斧）（えつ・か・おの）が中原に出現する．前9〜前8世紀の西周末期になると鉄鉱石を原料に人工的に作った塊錬鉄（かいれんてつ）と呼ばれる人工鉄が登場する．塊錬鉄は炭素量が0.1%以下で，手で折り曲げられるぐらい軟らかい鉄なので，このままでは刃物などの利器としては向

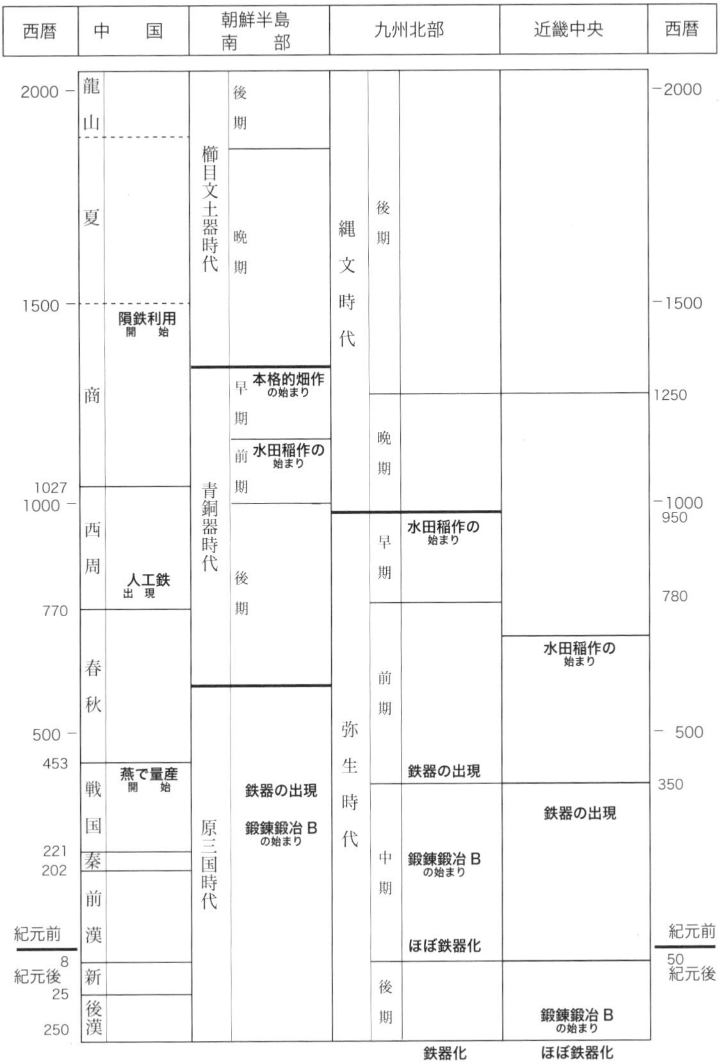

3.3 鉄の種類と工程

西暦	中国	朝鮮半島南部	九州北部	近畿中央	西暦
2000	龍山	櫛目文土器時代 後期	縄文時代 後期		2000
	夏	晩期			
1500					1500
	隕鉄利用開始		晩期		1250
	商	青銅器時代 早期 本格的畑作の始まり			
		前期 水田稲作の始まり			
1027 / 1000	西周	後期	水田稲作の始まり 早期		1000 / 950
770		人工鉄 出現			780
	春秋		前期	水田稲作の始まり	
500					500
453	戦国	燕で量産開始	鉄器の出現 鍛錬鍛冶Bの始まり	鉄器の出現	350
221 / 202	秦 / 前漢	原三国時代	中期 鍛錬鍛冶Bの始まり ほぼ鉄器化		
紀元前 8 / 紀元後 25 / 250	新 / 後漢		後期 鉄器化	鍛錬鍛冶Bの始まり ほぼ鉄器化	紀元前 50 / 紀元後

図 3.1　東アジアの鉄の歴史

かない．よって硬くするために 600℃ 前後に加熱し，空気中で徐冷．表面に炭素を加える．こうしたできた鉄を塊錬鉄浸炭鋼（しんたんこう）という．

戦国時代（前 453 年）になると中国東北部，現在の河北省易県に所在する燕において鉄器生産が盛んになる．特に鋳鉄の発達が著しく，戦国前期は白銑鉄（はくせんてつ）(white pig iron：銑鉄のなかの炭素がセメンタイトの形で存在するもの），中期にねずみ鋳鉄（gray pig iron：銑鉄のなかの炭素が黒鉛の形で存在するもの．粘りが強いので農具などに適する），後期に可鍛鋳鉄（鋳鉄を熱処理して，ねばりを出し，鍛造もできるようにしたもの）など利器に適した鋳鉄が増加する．このうち前4世紀の西日本に現れる日本列島最古の鉄が可鍛鋳鉄である．

かつて弥生最古の鉄器と考えられた熊本県斎藤山遺跡出土の鉄斧や，福岡県曲り田遺跡出土の板状鉄製品も，当初は鍛造鉄器と報告されていたが，現在ではすべて可鍛鋳鉄と考えられている（大澤，2004）．

(3) 朝鮮半島の鉄

朝鮮半島の先史時代における鉄生産の実態がわかるようになってきたのは90年代になってからで，1～5世紀の精錬炉や1世紀の鍛冶炉が見つかった慶州隍城洞遺跡や4世紀の製鉄炉が見つかった鎮川石帳里遺跡の調査以降，本格化する．いまや朝鮮半島南部の製鉄は，製錬滓の存在を根拠に後1世紀，なかには前1世紀までさかのぼる，という説もある．

朝鮮半島南部では前4世紀中頃から九州北部系の弥生土器が出土するようになり，なかには鍛冶遺構で見つかる場合もある．したがって鉄の入手を目的とした弥生人は朝鮮半島南部へ前4世紀ごろからアクセスし始めていたと考えられ，これは西日本に鉄器が現れ始める時期と一致している．

金想民は，朝鮮半島南部地域で見つかっている初期鉄器時代から鉄器時代にかけての鍛冶遺構を類型化して，三つの段階差を設定している（金，2012）．生産Ⅰ期は明確な炉の形態は確認されていないものの，住居跡内から鋳造鉄斧の破片やスラグの固着した磨石が出土するなど，生産関連遺物が見つかる段階とし，鋳造鉄斧の破片や小型鉄片などを素材として加工する程度の低温鍛冶工程を考えた．九州北部の城ノ越式系や須玖Ⅰ式系の弥生土器が見つかることから，前4世紀末～前3世紀に比定される．なお金は短期編年の立場を採るので前300年をさかのぼらないとしている．

生産Ⅱ期は，慶南勒島遺跡で見つかっているような鍛冶炉において高温鍛冶作業を行う段階で，送風口，還元スラグ，鍛造剥片の存在をその証拠としている．時期は須玖Ⅰ式とⅡ式を伴うことから，前3～前2世紀である．また勒島では板状鉄器のような鉄素材として使われる鉄器類も見つかっていることから，鍛冶素材から鉄製品を生産するだけではなく，高温の精錬工程が存在した可能性も高い

と考えている．

　すると蔚山達川(ウルサンタルチョン)遺跡で見つかった須玖Ⅱ式土器は，板状鉄器のような鉄素材を求めた弥生人が遺したものである可能性も出てくるのである．後述する弥生後期の板状鉄製品の祖型になるようなものがあるのかどうか，注視する必要がある．

　紀元後の朝鮮半島東南部で作られていた鉄の一つは塊錬鉄と呼ばれる低炭素鋼である（大澤，2004）．ここ数年，山陰や中国山地の弥生後期の遺跡から見つかることが多い塊錬鉄系の板状鉄製品は，朝鮮半島東南部で製錬された鉄をもとに加工された鉄素材と考えられている．

　また2～3世紀にかけての朝鮮半島南部において鉄器の生産量が増加したことは，慶南良洞里(ヤンドンリ)遺跡，慶南大成洞(テソンドン)遺跡のように大量の鉄器が副葬品として見つかることからみてもうなずける．

　このように朝鮮半島南部では3世紀以前の製錬炉こそ見つかっていないものの，2～3世紀には鉄器と鉄素材の生産量が増大していた可能性は高く，鉄素材の加工は紀元前2世紀までさかのぼっていたことは十分に考えられる．

(4) 鉄ができるまでの工程

　図3.2は工程ごとにできる成品と排出される鉄滓(てっさい)との関係を示したものである．原料である鉄鉱石や砂鉄から製品である斧や刀ができるまでの工程は大きく四つに分けることができる．

　Ⅰ 製錬　　砂鉄や鉄鉱石を製錬して，原料に含まれるチタンやケイ素を取り除き，できるだけ純度の高い鉄をとる工程である．この結果できる成品が製錬系鉄塊，排出されるのが製錬滓である．日本では6世紀後半の製錬炉（総社市板井砂奥(そうじゃしいたいざおく)遺跡）が最も古い．

　Ⅱ 精錬鍛冶　　Ⅰでできた製錬系鉄塊中の不純物をさらに取り除き，精錬系鉄塊を作る工程である．できる成品が精錬系鉄塊，排出されるのが精錬滓である．通常，椀形滓(わんがたさい)と呼ばれている．日本では3世紀後半の福岡市博多遺跡群（布留(ふる)Ⅰ式）が最も古い．

　ⅢA 鍛錬鍛冶A　　精錬系鉄塊をもとに鉄板状や棒状の鉄素材を作る工程である．古墳時代の鉄鋌(てってい)はこの工程の製品である．精錬系鉄塊自身には不純物がほとんど含まれていないので椀形滓のような大きな鉄滓が排出されることはない．

　ⅢB 鍛錬鍛冶滓B　　鉄素材から鉄製品を作る工程．製品が斧や農具で，鍛錬鍛冶滓Bが排出される．弥生中期から見られるようになる．後で述べるように，

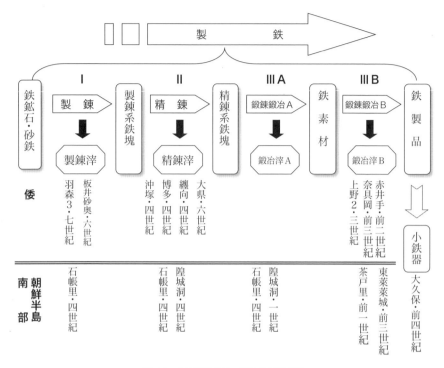

図 3.2　古墳時代以前の製鉄工程模式図

防湿施設を備えた地下構造を持つ定型化した鍛冶炉で，鍛打や鍛接が行われる際に排出される．

これ以外にも，軟鉄系鉄素材である「板状鉄製品」を鏨でたち割り，少し加熱して折り曲げる工程を行う「原始鍛冶」や，火をまったく使わず，ただ石器を作るときと同じ要領で擦り切ったり，研いだりして，鋳造鉄斧の破片から鏨などの小鉄器を作る工程などがある．

以上の工程のなかで，弥生時代に確実に存在した工程はⅢBの鍛錬鍛冶Bと原始鍛冶，火を使わない小鉄器製作の三つということになる．

3.4　金属器との出会い1—青銅器，前8世紀

ここからは時系列に沿って，弥生人と金属器との歴史についてみていく．

弥生人が初めて出会った金属器は青銅器である．福岡県今川遺跡で前8世紀末

(前期前葉)に比定される青銅製のノミが出土している(図3.3).遼寧式銅剣の破片を再加工して,破面に刃を研ぎ出したものである.

研ぎ出しがどこで行われたかによって,弥生人の金属器加工の初現が変わってくるが,いまのところ朝鮮半島で行われたのか九州北部で行われたのかは不明である.また前期の初め頃にさかのぼる出土例もこの1点だけである.

次に青銅器が現れる可能性があるのは前6～前5世紀(前期中頃～後半)である.石川岳彦は,中国東北部にあり鉄器生産のメッカである燕製の金属器が,前6～前5世紀に日本列島に及んでいた可能性を指摘する(石川,2009).たとえば佐賀県唐津市鶴崎(つるさき)遺跡で出土した銅剣は前5世紀頃の燕山山脈周辺で作られた可能性があるという(石川,2009).また佐賀県吉野ヶ里(よしのがり)遺跡の青銅器工房から出土した銅柄(どうがら)を持つ刀子(とうす)と羽口(はぐち)を燕系ともみている(石川,小林,2012).

他にも前550年頃(板付Ⅱa式新～Ⅱb式古)の銅斧破片が福岡県小郡市三沢(みつさわ)北中尾(きたなかお)遺跡で出土している(山崎,2012).吉田広は,細形(ほそがた)銅剣成立期の青銅器が流入し,一定の青銅器文化が形成されていた可能性を指摘する(吉田,2014).今後,弥生前期後半期に燕系や朝鮮半島系の青銅器が見つかる可能性があるので注意しておきたい.もちろん,前4世紀以降に入る朝鮮青銅器文化とは大きなギャップがあることはいうまでもない.

3.5 金属器との出会い2―鉄器,前4世紀

西日本に現れる最古の鉄器は,燕で作られた可鍛鋳鉄(かたんちゅうてつ)である.前期から後期ま

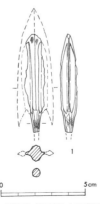

図3.3 弥生最古の青銅器(福岡県今川遺跡.酒井編,1980)

で出土例があり，九州北部を中心に中国，近畿で出土している（図3.4）．弥生時代の鉄器は，中国北方産の鋳造鉄器から始まったのである．現在，最古の例は4世紀前葉（前期末）で，愛媛県大久保遺跡と福岡県矢留堂ノ前遺跡の例がある．

李昌熙はこれら燕製の鉄器が朝鮮半島南部に現れるのは前400年頃で，新しい段階の円形粘土帯土器に伴うと考えている（李，2010）．燕製の鋳造鉄器が日本列島へ渡ってくるルートについては，朝鮮半島経由と直接渡来という二つの考え方があるが，直接渡来と考える根拠は日本列島と朝鮮半島南部で出土する鉄斧の鋳型が異なると考えられているからである．

現在のところ，朝鮮半島出土の鉄斧の鋳型が双合范と考えられるのに対し，日本列島出土鉄斧の鋳型は単合范と考えられるからだ（村上，2008，図3.5）．鋳造鉄斧は二つの鋳型を合わせて溶けた鉄を流し込んで作るが，鋳型の片方のみに印刻を持つのが単合范（1：燕の技法），両方に持つのが双合范（2：朝鮮半島の技法）である．またのちにふれる隆帯を持つ燕系の二条突帯斧（図3.6の左上端の破片）は日本列島で多く出土しているものの，朝鮮半島南部ではまったく見つかっていない点も現状では直接渡来説に有利に働いている．

一方，弥生青銅器も前期末に日本列島に流入するのは，朝鮮半島だけでなく，燕国の東方拡大と関係した動きと考えられている．鉄も青銅器も燕国の東方拡大によって列島に流入したのである．

村上は弥生前期から中期への移行期は燕国の動乱から滅亡へのプロセスと関係

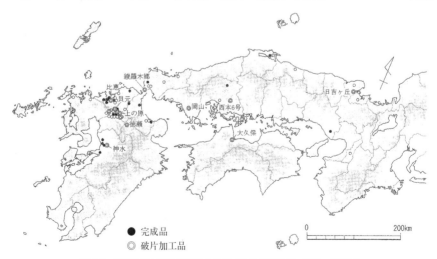

図3.4 鋳造鉄斧と破片加工品の分布（弥生後期以前．野島，2009a）

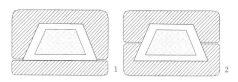

図 3.5 梯形鋳造鉄斧用鋳型の横断面模式図（村上，2008）
左：単合笵．右：双合笵．

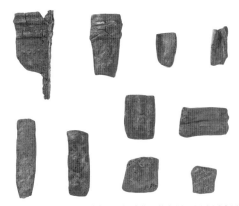

図 3.6 愛媛県大久保遺跡出土鉄器（前 4 世紀前葉．複製品：国立歴史民俗博物館所蔵，愛媛県埋蔵文化財センターの許可を得て掲載）

していることもあり，朝鮮半島西海岸を基軸とした物質文化の受容の大動脈が開かれた時期と重なっているとみる（村上，2011）．釜山市莱城遺跡や慶南勒島における小規模な鉄器生産の開始と関連づけ，九州北部の弥生人も新たな生産技術を獲得しようとしていたことが，弥生系土器の出土と関連していると考えている．

しかし後述するように，その後の列島内における展開の仕方が鉄と青銅器でまったく異なることも村上は指摘している（村上，2007）．

3.6 鉄器製作 1 —石器作りの要領で作り始める，前 4 世紀

可鍛鋳鉄で作られた燕製の鉄斧は完形品で出土する場合と，破片加工品となって出土する場合がある（図 3.4）．愛媛県大久保遺跡で出土した鉄製品は破片加工品の代表的な例である（図 3.6）．破損して使えなくなった鋳造鉄斧を打ち割り，擦り切りや研ぎなどの磨製石器特有の製作技術を駆使して，ノミやヤリガンナ，切り出しナイフなどを作ったもので，鋳造鉄器再利用説と呼ばれる（野島，1992）．

これらの可鍛鋳鉄の破片は前4世紀後半以降（中期初頭），福岡県の小郡市内や旧朝倉郡といった内陸部の遺跡で多く見つかっており，瀬戸内西部，山陰，大阪湾沿岸まで地域的に偏った分布をみせる（図3.4）（野島，2009a）．

図3.7は野島が再利用説をモデル化したものである．鋳造鉄斧を再利用する場合は折返しを持つものがあり，図3.7の1の部分を利用すれば折返しが「コ」の字状（2，3）に，4の部分を利用すれば「L」字状（5，6）になる．

旧朝倉郡の内陸部において手斧として使われていた鉄斧が壊れると，分割・研磨のあと刃部を研ぎ出して鉄刃工具として再利用されたと野島は考える（野島，2009b）．このように弥生人最初の鉄器作りは，石器製作の要領で削ったり研いだりしたもので，火を使うことはなかったのである．

この時期，九州北部の弥生人を中心に，鉄を求めて朝鮮海峡を渡っていたのではないか？と考えられる状況証拠がある．片岡宏二は，前4世紀前葉以降，慶尚南道の南海岸を中心に九州北部系の弥生土器が出土するようになる現象に注目し，弥生人が鉄を求めて彼の地に渡った証拠ではないかと考えている（片岡，1999）．北は慶州から蔚山，釜山市域，金海，晋州などの諸遺跡に弥生土器が集中してみられる（図3.8，表3.1）．

11の釜山市萊城遺跡では，鍛冶遺構に伴って城ノ越式（中期初頭）から須玖I式（中期前半）にかけての九州北部系弥生土器が出土した．この地で弥生人が鉄器を作っていた可能性すら指摘されていて，少なくとも楽浪郡が設置される200年以上も前から，弥生人が鉄を求めて朝鮮海峡を渡っていたことを示す証拠といえよう（野島，2009b）．

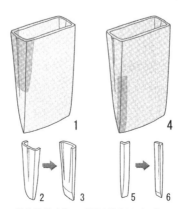

図3.7　鋳造鉄斧破片の再利用模式図（野島，2009a）

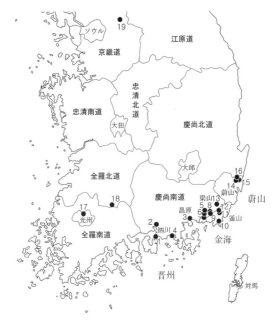

図 3.8 朝鮮半島南部における弥生土器出土分布図(片岡,1999)

3.7 青銅器製作——鋳造の始まり,前3世紀

　鉄器とならんで弥生時代を代表する金属器である青銅器の製作は,前4世紀中頃の中期初頭には始まっていた可能性がある.すでに朝鮮半島にはないか,もしくはあってもきわめて少ない形のものが日本列島内で出土するからである.岩永省三によれば,日本列島で出土した初期の武器形青銅器のなかには,寸法的に朝鮮半島南部製の規格に収まる「細形」と,それより大きい「中細形」があるという.また,細形のなかにも形のうえで朝鮮半島南部の成品との区別が難しいものと,朝鮮半島南部には存在しないものがあるという(岩永,2013).

　これらが日本列島で作られたとすれば,弥生人は青銅器がもたらされるとすぐに模倣を始め,弥生文化独自の国産青銅器を作り出したことになる.中細形と呼ばれる武器形祭器の成立である.

　では,それはいつ頃のことであろうか.いまのところ,最古の生産遺構は前3世紀(中期前半)が上限である.

　熊本市八ノ坪遺跡では,鋳型7,送風管1,銅片2,鋳造残滓数点,炉壁の可能

表 3.1 朝鮮半島南部における弥生土器出土遺跡一覧表（遺跡名中の数字は図3.8中の数字に対応）

	遺跡名	弥生土器の時期	遺跡の立地
晋州（チンジュ）	1 泗川勒島（サチョンヌクト）	須玖Ⅰ～下大隈式	島の丘陵斜面
	2 泗川芝之里（サチョンパンジリ）	須玖Ⅰ～須玖Ⅱ式	独立丘陵．当時は海
	3 昌原茶戸里（チャンウォンタホリ）	須玖Ⅱ式	低丘陵
	4 固城東外洞（コソントンウェドン）	弥生後期後半	海抜40mの丘陵
金海（キメ）	5 大成洞焼成（テソンドンしょうせい）	城ノ越～須玖Ⅰ式	丘陵末端部
	6 金海会峴里（キメフェヒョンリ）	板付Ⅱb～高三潴式	丘陵．当時は丘陵まで海が迫る
	7 興洞（フンドン）	城ノ越式	山斜面末端．当時は金海湾に面す
	8 池内洞（チネドン）	須玖Ⅱ式	海抜100mの丘陵
釜山（プサン）	9 北亭貝塚（ポクジョン）	須玖Ⅰ式	海抜38.8mの丘陵
	10 朝島貝塚（チョド）	城ノ越～須玖Ⅱ式	島
	11 莱城（ネソン）	城ノ越～須玖Ⅰ式	福泉洞古墳群丘陵の下（ポッチョンドン）
	12 温泉洞（オンチョンドン）	中期初頭の広口壺	丘陵
	13 梁山北亭洞（ヤンサンプッチョンドン）	城ノ越式，須玖Ⅰ式	丘陵
蔚山（ウルサン）	14 達川（タルチョン）	須玖Ⅱ式	丘陵
	15 梅谷洞（メゴクトン）	須玖Ⅰ式	丘陵
	16 中山洞薬水（チュンサンドンヤッス）	須玖Ⅰ式	丘陵
その他	17 光州新昌洞（クァンジュシンチャンドン）	須玖Ⅰ式	沖積地
	18 南原細田里（ナムォンセジョンリ）	弥生後期後半	沖積地
	19 加平郡大成里（カピョンテソンニ）	下大隈式（後期中頃）	沖積地

性がある焼土など，青銅器の鋳造に関連すると考えられる資料が出土した（林田編，2006）．SX119とSK091は鋳造に関連する遺構の可能性が指摘されている（図3.9-1）．送風管（図3.9-2）はL字状で奈良県唐古・鍵遺跡や大阪府東奈良遺跡で見つかっているものと同じである．工房址こそ見つかっていないが，焼土の配置や銅滓片（図3.9-3）からみて付近に存在していた可能性は高い．

ここで作られた青銅器は，鋳型から判断して，朝鮮式小銅鐸1（図3.9-4），細形銅戈3（図3.9-5），銅矛1，不明2である．歴博では鋳型に伴って出土した須玖Ⅰ式（中期前半）の甕の外面に付着したススをAMS-炭素14年代測定したところ，前3世紀前葉という較正暦年代を得ている（藤尾ほか，2006）．したがって岩永の指摘を考慮すると日本の青銅器生産はこれよりも数十年さかのぼる前4世紀に上がる可能性がある．

2013年に福岡県春日市須玖タカウタ遺跡第5次調査で，中期前半に比定された銅戈，有柄式銅剣，多鈕細文鏡の土製鋳型群が出土しており，報告書の刊行が待たれる（森井，2016）．

では作ったのは誰であろうか．手がかりになるのは，ともに出土した朝鮮半島初期鉄器時代の土器のセットである（図3.9-6）．口縁部に断面が円形の粘土の帯をめぐらすように貼り付けた甕（円形粘土帯土器）だけでなく，牛の角のような形をした取手を持つ大形の壺（牛角取手付壺），長頸壺，高坏など，多くの器種がセットで見つかっている．朝鮮半島南部から初期鉄器文化に属する人びとが移住してきたと推定するに十分な状況証拠である．これを仮に工人集団と呼ぶならば，初期鉄器時代の朝鮮半島の土器が出土する遺跡は佐賀平野西部（小城，牛津付近）や福岡県小郡市でも見つかっているので，九州北部には青銅器を作る朝鮮半島系の工人集団が複数存在していた可能性がある．

3.8　鉄器製作2―火を用いた鉄器作り（鍛冶）の始まり，前2世紀

(1) 鍛冶の始まり

前2世紀（中期後半）になると，鋳鉄脱炭鋼という別の技法で作られた鋳造鉄斧が入ってくる．前5世紀後半の燕で開発された鋳鉄で，棒・板状笵に銑鉄を流し込み，固化したあとに脱炭焼きなましを施した成品である．前2世紀（中期後半）の福岡市比恵遺跡（図3.10）や京都府奈具岡遺跡で出土している．

鋳鉄脱炭鋼製の棒状や板状の半成品を素材に鉄器を作る鍛錬鍛冶Bだが，加熱

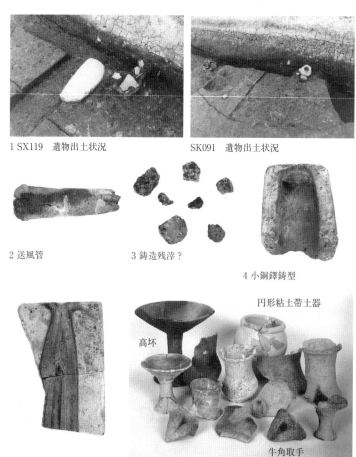

1 SX119　遺物出土状況　　SK091　遺物出土状況

2 送風管　　3 鋳造残滓？　　4 小銅鐸鋳型

5 銅戈鋳型　　6 無文土器のセット　　円形粘土帯土器　高坏　牛角取手

図 3.9　熊本市八ノ坪遺跡出土鋳銅関連資料（前3世紀）（熊本市教育委員会提供）

処理を伴うという意味では，石器製作の要領で作っていた段階よりも進んだとはいえるものの，羽口の出土や滓も少ないことから，それほど高温状態を保持できていたような状況ではないと考えられている．ましてやかつて福岡県赤井手遺跡で説かれていたような炭素量の上げ下げといった高度な加工はできなかったと考えられている．

　京都府奈具岡遺跡では鍛冶炉が検出され，玉類を分割・加工する小型楔や鏨，穿孔用の鉄製工具などが作られていた（河野，野島，1997）．

3.8 鉄器製作2―火を用いた鉄器作り（鍛冶）の始まり，前2世紀　　79

図3.10　福岡市比恵遺跡出土鋳鉄脱炭鋼製鉄斧（原品：福岡市埋蔵文化財センター所蔵）
左：復元複製品，右：複製品．

(2) 鍛冶炉の構造と工程

　いよいよ鍛造鉄器の製作である．前3世紀（中期前半）には弥生独自の形態をした鍛造鉄器で作られた鎌などが出土するようになることから，青銅器の鋳造と同様に，鍛造鉄器の製作も始まっていたと考えられる．

　現在，弥生時代の鍛冶には，鍛冶炉の構造と鉄素材，滓の有無に注目した村上恭通の4分類（図3.11）がある（村上，1998）．一つは，地下構造を持つ鍛冶炉（Ⅰ・Ⅱ類）で，鉄素材を原料に高度な技術で鉄器を作る鍛冶である．鍛錬鍛冶B滓を排出する．二つ目は，鍛錬鍛冶B工程まではいかないが，鍛冶遺構（Ⅲ類）を備え，火を補助的に使うことで軟鋼を折り曲げたりして鉄器を作る鍛冶である．滓は排出されない．三つ目は，地面を掘りくぼめずに床面に直接炭を積んで火を直接使って鉄器を作る鍛冶である（Ⅳ類）．滓は出ない．最後は，先述した野島の考える方法で，鋳造鉄器を素材に石器を作る要領で擦ったり削ったりして小鉄器を作るため，火は使わない．ここでは特に近年明らかになってきた，朝鮮半島南部産の軟鉄系鉄素材を原料に鉄器を作る山陰や中国山地の例を紹介しよう．

(3) 紀元後の西日本で行なわれていた鉄器製作

　朝鮮半島南部で作られたと考えられている塊錬鉄を鉄素材とする鉄器製作である．塊錬鉄とは鉄が液状に溶融せずに鉄鉱石の固体から直接還元された鉄のことをいう．もともと中国の用語で，炭素量が銑鉄ほどには達せず，滓を含んだまま生成されたり，鋼などの可鍛鉄を指し，錬鉄ともいう．

　この鉄素材は大澤正己が「板状鉄製品」と呼んでいるもので，幅が4.0～6.0 cmの規格品である．材質は炭素量が低い軟鋼から極軟鋼の焼きなまし材で，鏨で断

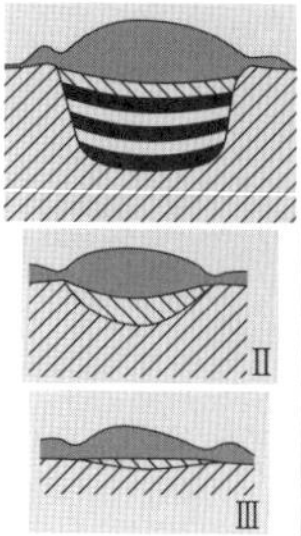

	堀り方	地下構造	工程	鍛冶滓
I	大，内壁，底を焼き締め	木炭と土を交互に重ねた防湿施設	鍛錬鍛冶 A・B	あり
II	あり	なし，わずかなカーボンヘッド	鍛錬鍛冶 A・B	あり
III	ほとんどなし	なし	原始鍛冶	なし
IV	なし．床をそのまま利用	なし	原始鍛冶	なし

■ 地下構造・木炭　■ 燃料用木炭　□ 土
▨ カーボン・ヘッド　▨ 地山

図 3.11　弥生時代の鍛冶炉（村上，1998 より作成）

ち切るのに適した素材である．島根県上野 II 遺跡で見つかった板状鉄製品は，厚さ 4 mm，幅 60 mm で鏨状の刃物で切断された痕が認められる（図 3.12）．黒さびの部分を化学分析したところ，炭素量は 0.007〜0.30 % の極軟鋼から軟鋼と考えられている（大澤，2001）．

遺跡からは裁断後の破片として見つかることが多いため，もとの形を知るのは難しく，ほかにも棒状のものもある．

上野 II 遺跡で見つかった鍛冶炉は村上分類の I・II 類，または IV 類で，一つの遺跡で形式が異なる複数の炉が見つかっていることから，たとえば，鍛接や鍛打などの高温の熱処理を I・II 類の炉で行った後，折り曲げやすくする程度に温度を上げればよい IV 類の炉で加工して鉄器として仕上げるといった工程を復原できるという（村上，2001）．一つの遺跡で鉄器製作の流れ作業が行なわれていたことを示し，今のところ中国山地や山陰だけで知られている現象であるが，朝鮮半島東南部で前 3〜前 2 世紀頃から行なわれていた鉄器製作と同様の段階に当たる．

このような鉄器作りは I・II 類の鍛冶炉が分布する九州北部を中心とした西日本にほぼ限定され，山陰と徳島を結ぶ線より西側で行われていたと村上は考えている（図 3.13）．大和や河内，摂津などの近畿中枢部で I・II 類の鍛冶炉が現れるのは 3 世紀以降なので，いまのところ弥生後期の近畿中枢部でリサイクルなどの高度な熱処理を伴う鉄器製作が行われていたとは考えられないという．

では弥生人はどのような道具を使って軟鉄系鉄素材から鉄器を作っていたので

3.8 鉄器製作2—火を用いた鉄器作り（鍛冶）の始まり，前2世紀

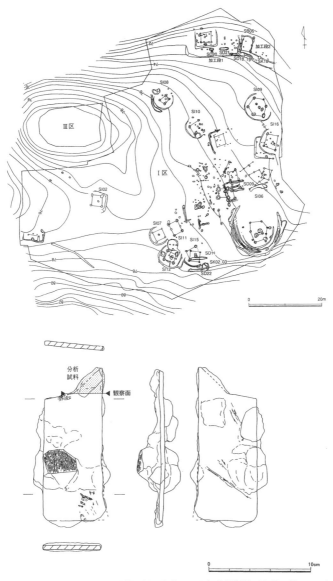

図 3.12 島根県上野Ⅱ遺跡遺構配置図と出土した板状鉄製品（久保田編，2001）

あろうか．まだ鉄製の道具は鉄素材を断ち切る鏨ぐらいしかなく，石の金床石の上に加熱した鉄を置き，石の鎚で鍛打し，鍛接していたと考えられる（図3.14）.

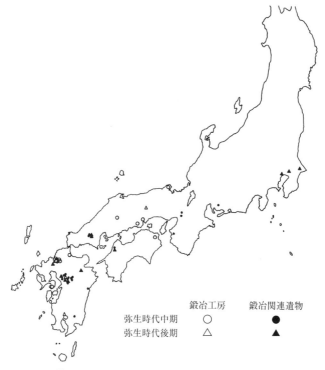

図 3.13 弥生時代の鍛冶炉遺跡分布図（村上，1998）

おそらく竹や木の箸で固定しながら．

いずれにしても，弥生人のこうした鉄器作りを大澤や中国地方の研究者は「原始鍛冶」と呼んでいる．前2世紀末〜前1世紀の楽浪郡(らくろうぐん)の墳墓(ふんぼ)には鉄鉗(かなばし)など鉄製の鍛冶具が副葬されているため，技術水準はかなり開いていたことは間違いない．

まとめ

最後に弥生長期編年になる何が変わるのか，箇条書きにして終わることにする．
①石器時代に始まった―世界標準へ―

弥生短期編年でも弥生長期編年でも日本列島に鉄器が現れる時期は中国東北部における鉄器生産の状況に左右されるため，上限が前4〜前3世紀にくるという点で変わらない．弥生短期編年の場合でも，すでに前期後半以前の鉄器は否定されているので，鉄器が出現する時期は長期編年と同じく前期末（前180年）で変

3.8 鉄器製作2—火を用いた鉄器作り(鍛冶)の始まり,前2世紀　　83

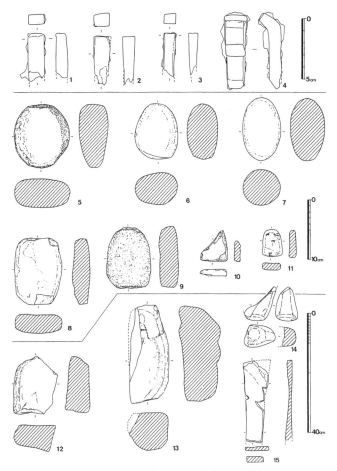

図3.14 弥生時代の鍛冶遺構から出土した道具類(村上,1998)
1〜4鏨,5〜9・14鎚,10・11・15砥石,12・13鉄砧石(1〜3,5〜8,11〜13熊本二子塚遺跡,4・9・10・14・15福岡安武深田遺跡).

わらない.やはり水田稲作の開始後,約300年たってから鉄器が現れることになり,弥生時代はイネと鉄の時代とはいえなくなる.「農業の開始と鉄器の使用が同時に始まるという世界でも稀有な先史時代であるという弥生文化」という定義は弥生短期編年においても当てはまらない.

　一方,弥生長期編年の場合は,水田稲作の開始から約600年(短期編年の倍)

あまりで鉄器が現れることになる．世界史的にみればまだ早いほうだが，農業が始まって，その後しばらくしてから金属器が登場するという意味では，先史社会一般のあり方といえよう．

いずれにしても前4世紀前葉以前の九州北部から伊勢湾沿岸にいたる地域では，森を伐採し，水路を通し，水田を拓くための造田，水路を維持するために大量に必要となる杭や矢板の製作，木製農具の製作をすべて石器で行っていたことになる．水田稲作はまさに石器時代に始まったのである．

②鉄器の出現—初期鉄器時代という文明化—

水田稲作が始まってからおよそ600年後の前4世紀前葉に鉄器が出現する．いまのところ，燕から直接か，朝鮮半島経由なのかルートは確定していないが，燕の東北アジアへの進出を背景に現れることは確かである．しかもこの時期，鉄器以外にも中国・朝鮮半島南部と九州北部との間には，それ以前にもまして濃密な交流が始まるとともに，九州北部においてさまざまな変革が起こる．

朝鮮半島南部へ鉄を求めて渡った弥生人の存在を物語る九州北部系弥生土器が出土しはじめる．逆に円形粘土帯土器を指標とする朝鮮半島初期鉄器時代の土器のセットが九州北部で出土するようになり，国産青銅器鋳造の開始と関連づけて考えられている．また九州北部には青銅器を副葬する成人甕棺墓制の定型化に代表される新たな墓制の成立，南海産貝輪の成立にみられる南方世界との本格的交流の開始など，九州北部の弥生社会が新たな段階に入った時期と一致している．

中国化を目指した有力者たちは，文明化・国際化した証として武装・装身・職掌を示すとされる青銅製武器・ヒスイ製装身具，南海産巻貝製腕輪を身につける段階に入る（高倉，1995：84）．つまり水田稲作，環壕集落，青銅器祭祀という弥生文化が完成したのがこの時期，初期鉄器時代の始まりである．

③鉄器の普及に従来の2〜3倍の時間がかかったことになる

前4世紀前葉に可鍛鋳鉄系の鉄器が現れても200年ほどはノミや刀子などの小鉄器がほとんどで，その用途も木製品の細部加工に用いられるのが主で，開墾や大量の木材の加工に鉄器が用いられたわけではない．石器が主で鉄器が補完する関係が200年ほど続いたものと考えられる．なお前3世紀（中期前半）になると九州北部に軟鉄系の鍛造鉄器が現れ始める．

鉄器が本格的に使われるようになるのは九州北部でも前2世紀以降（中期後半）からである．まず武器では剣が鉄器化したことが，殺傷人骨に残された傷の痕からわかる．剣の先端が骨にあたっても石剣や青銅剣のように切先が折れずに骨を

えぐることができるため，殺傷能力が増したと思われる．

またのちに奴国と呼ばれるようになる福岡平野の中心的な遺跡である比恵・那珂遺跡では，前2世紀（中期後半）以降，鉄器の出土量が他の遺跡を圧倒するほど多いという（野島，2009a）．特に開墾用の鉄製鍬先の着装率は100％をほこり，これぞまさしく生産力の増加を可能とした直接の証拠とされる鉄器（打鍬・鉄刃農具と呼ばれている）である．比恵・那珂遺跡では鍛冶炉こそ見つかっていないものの鉄素材と考えられる板状鉄製品も出土していることから，この遺跡で鍬先などの鉄器が作られていたことは間違いない．比恵・那珂丘陵上を南北に貫く長さ900mの「比恵の大溝」も，鉄製鍬先を装着した鍬で掘削されたのであろう．九州北部では中期末に摘鎌を除いてすべて鉄器化する．

④青銅器と鉄器に見られる列島内での異なる動き

村上は，列島に出現した当初から，製作技法である鋳造関連技術を獲得した青銅器と，再生品のみだった鉄器との違いについて興味深い指摘をしている（村上，2011）．

青銅器の鋳造技術は九州北部から東海までレベルを維持しながら広汎に伝わっているのに対し，鉄器の製作技術は九州北部を頂点として東へいくに従ってレベルの低下が見られる点，また素材という面でも地理的傾斜のない青銅原料と傾斜が著しい鉄素材という点について，村上はその原因を大陸側の事情に求めている．

青銅器も鉄器も破片の状態で流通するという形で列島に登場したものの，まったく価値の異なる金属器だったのである．

⑤古墳成立と鉄との関係

弥生後期になっても鍬先や鋤先といった鉄刃農具をはじめとした各種鉄製農工具が，社会の構成員全体に行き渡っているのは九州北部だけだという（野島，2010）．弥生後期に鍛冶炉を持つ住居跡が爆発的に増加する九州中部の阿蘇西麓域でさえ，鉄刃農具は社会的地位の高い階層しか保有しておらず，鉄器の種類や量が限定されている．ましてや中国・四国・近畿において鉄刃農具はきわめて少ない，というのが倭国乱以前の状況である．これらの地域に鉄刃農具が普及するのは3世紀になってからである．

倭国乱以降も基本的に鉄器の普及状況は変わらず，わずかに九州北部における鉄器の副葬量が減少するとはいわれているものの，のちに前方後円墳を最も早く造り始める近畿を含めた瀬戸内地域で劇的な増加を認めることはできない．巨大な前方後円墳は鉄器の普及と生産力の増強と無関係に成立するのである．

つまり弥生から古墳への転換は，鉄器の普及や農業生産力の発展に伴う経済的優位性に基づくものではなく，祭祀・政治的優位性に基づく転換なのである（土生田，2009）．

参考文献

石川岳彦（2009）日本への金属器の渡来（新弥生時代のはじまり4），pp.147-160，雄山閣．
石川岳彦，小林青樹（2012）春秋戦国期の燕国における初期鉄器と東方への拡散．国立歴史民俗博物館研究報告，第167集，pp.1-40．
李　昌熙（2010）粘土帯土器の年代．文化財，pp.50-100，韓国国立文化財研究所（韓国語）．
岩永省三（2013）東アジアにおける弥生文化．原始・古代一（岩波講座日本歴史一），pp.101-134，岩波書店．
大澤正己（2001）上野I遺跡出土鉄関連遺物の金属学的調査．上野I遺跡．中国横断自動車道尾道松江線建設予定地内埋蔵文化財発掘調査報告書10，pp.153-204，日本道路公団中国支社・島根県教育委員会．
大澤正己（2004）金属学的分析からみた倭と加耶の鉄―日韓の製鉄・鍛冶技術―．国立歴史民俗博物館研究報告，第110集，pp.71-82．
大澤正己（2015）矢留堂ノ前遺跡出土鋳造鉄斧破片と椀形鍛冶滓の金属学的調査．矢留堂ノ前遺跡―福岡県行橋市矢留所在遺跡の調査―（下巻）．東九州自動車道完形埋蔵文化財調査報告19，pp.1-17，福岡県教育委員会．
片岡宏二（1999）弥生時代渡来人と土器・青銅器．雄山閣．
河野一隆，野島　永（1997）奈具岡遺跡（第7・8次）．京都府遺跡調査概報，76冊，pp.30-82，京都府埋蔵文化財調査研究センター．
金想民（2012）韓半島におけるT.Fe生産研究の動向．みずほ，43号，pp.110-115．
久保園一郎編（2001）上野I遺跡．中国横断自動車道尾道松江線建設予定地内埋蔵文化財発掘調査報告書10，日本道路公団中国支社・島根県教育委員会．
黒崎　直（2016）弥生時代「鉄器」の諸問題．鉄の弥生時代―鉄器は社会を変えたのか？―，pp.42-53，弥生文化博物館．
近藤義郎（1962）弥生文化論．原始・古代（岩波講座日本歴史1），pp.139-188，岩波書店．
酒井仁夫編（1980）今川遺跡．津屋崎町文化財調査報告書，4．
佐原　真（1975）農業の開始と階級社会の形成．原始・古代（岩波講座日本歴史1），pp.114-182，岩波書店．
高倉洋彰（1995）金印国家群の時代．山川出版社．
野島　永（1992）破砕した鋳造鉄斧．たたら研究，32・33，pp.20-30，たたら研究会．
野島　永（2009a）初期国家形成過程の鉄器文化．雄山閣．
野島　永（2009b）鉄器の生産と流通（弥生時代の考古学6），pp.43-52，同成社．
野島　永（2010）弥生時代における鉄器所有の一様相．京都府埋蔵文化財論集，6，pp.41-54，京都府埋蔵文化財調査センター．
野島　永（2014）研究史からみた弥生時代の鉄器文化．国立歴史民俗博物館研究報告，第185

集，pp.183-212.
土生田純之（2009）弥生文化と古墳文化（弥生時代の考古学1），pp.184-197，同成社．
林田和人編（2006）八ノ坪遺跡．―分析・考察・図版，熊本市教育委員会．
春成秀爾（2003）弥生早・前期の鉄器問題．考古学研究，50巻3号，pp.11-17．
藤尾慎一郎（2009）稲・鉄史観成立の検証と研究の行方（弥生時代の考古学9），pp.3-23，同成社．
藤尾慎一郎（2013）弥生文化の輪郭―灌漑式水田稲作は弥生文化の指標なのか―．国立歴史民俗博物館研究報告，第178集，pp.85-120．
藤尾慎一郎，小林謙一（2006）熊本市八ノ坪遺跡出土弥生土器に付着した炭化物の炭素14年代測定．八ノ坪遺跡，pp.45-52，熊本市教育委員会．
村上恭通（1998）倭人と鉄の考古学，青木書店．
村上恭通（2001）上野・遺跡にみられる鉄器生産の特徴，上野・遺跡．中国横断自動車道尾道松江線建設予定地内埋蔵文化財発掘調査報告書10，pp.205-208，日本道路公団中国支社・島根県教育委員会．
村上恭通（2008）東アジアにおける鉄器の起源．新弥生時代のはじまり3，pp.148-154，雄山閣．
村上恭通（2011）弥生時代の鉄文化．弥生時代（上）（講座日本の考古学5），pp.651-678，青木書店．
森井千賀子（2016）弥生時代中期の石器・土製の青銅器鋳型―福岡県春日市須玖タカウタ遺跡―．季刊考古学，135号，pp.91-94．
山崎頼人（2012）付編三沢北中尾遺跡2b区127号土坑出土銅斧について，三沢遺跡確認調査．小郡市文化財調査報告，266集，pp.59-62．
吉田　広（2014）弥生青銅器祭祀の展開と特質．国立歴史民俗博物館研究報告，第185集，pp.239-281．

第4章 青銅器のまつり

吉田　広

　弥生時代には，青銅器・青銅器文化のイメージが強い．しかし，研究の進展に伴い，弥生時代＝青銅器時代，弥生文化＝青銅器文化と単純化できる状況にはもはやなく，弥生時代・弥生文化にありながら，青銅器・青銅器文化の存在しない時間・地域も広がる．その範疇を十分考慮しつつ，逆にいっそう際立つこととなった青銅器・青銅器文化から，新たな弥生時代像を解説しよう．

　最初に，弥生時代青銅器文化の展開について大枠を示しておく（図4.1）．

　本格的な水稲農耕による弥生時代の始まりに遅れること約600年，ようやくまとまった青銅器が弥生時代中期初頭の日本列島に流入する．先駆け的に青銅器断片や武器形石製品は存在したものの，青銅器不在の弥生時代が実は長い．しかし，武器形青銅器と銅鐸（どうたく）が東西で登場すると，すぐさま特徴的な展開を遂げていく．当初こそ武器として機能した武器形青銅器は，早々に武器としての機能を否定するよう変貌し，銅鐸はより大型の見栄えのする器物となっていく．このような形の変化に，埋納（まいのう）といわれる特殊な出土状況，各種模倣品の展開も加わり，青銅器

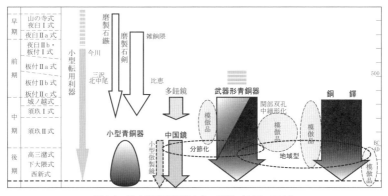

図4.1　日本列島青銅器文化の階梯（吉田，2014）

が弥生時代の主たる祭器としての地位を確立していく．その極点が，中期末葉における地域型青銅祭器の鼎立である．しかし，後期になると祭器以外の小型青銅器が登場・増大し，中期末葉以上の地域統合は進まない．前方後円墳という舞台を完備した葬送儀礼という祭祀への交替によらなければ，新たな統合は果たせなかった．その転換にあって，葬送儀礼の場での役割を果たし続けた銅鏡に，弥生青銅器の命脈を辿ることができる．

以下，弥生時代青銅器文化の展開（吉田，2014）を詳述する．

4.1 弥生青銅器文化の前段

炭素14年代測定の進展により長時間に及ぶことが明らかとなった弥生時代早期から前期には，鉄器同様，青銅器も安定的に存在しない．ただし，後の青銅器文化展開のうえで，重要な前段である．

(1) 小型転用青銅器

弥生前期に断片的に存在する青銅器に，小型転用利器がある（図4.2）．

福岡県福津市（旧津屋崎町）に所在する弥生前期初頭の環濠集落である今川遺跡では，銅鏃（1）が弥生時代前期初頭前後の包含層から出土しており，断面形状などから遼寧式銅剣樋先端部付近の再加工品とみられる．もう1点，採集品ながら，小型円柱状片刃青銅利器（2）もあり，韓国忠清南道松菊里遺跡出土の遼寧式銅剣茎下端片転用再加工品（5）との類似から，やはり遼寧式銅剣転用の可能性が高い．また，山口県防府市井ノ山遺跡出土の小型柱状片刃青銅利器（3）も，残念ながら出土状況から時期は絞り込めないものの，遼寧式銅剣片再加工品と考えられる（吉田，2010）．

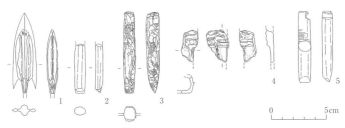

図4.2 小型転用青銅器（吉田，2016より再編）

さらに，福岡県小郡市三沢北中尾遺跡 2b 区 127 号土坑では銅斧片（4）の出土が確認でき，二次的研磨も窺える．伴出土器は板付Ⅱa式新段階からⅡb式古段階と，完品武器形青銅器の初現をさかのぼる．

(2) 弥生時代前期青銅器文化の可能性

ほかに，前期の青銅器を推察させる資料として，福岡市比恵遺跡第25次調査SK-11出土の銅剣形の木製品がある．遼寧式銅剣の着柄状態をよく写し，伴った土器は板付Ⅱ式中段階である．すると，弥生時代前期に，遼寧式銅剣という青銅器が一定存在し，青銅器文化定着をみるむきもある．しかし，中期以降のまとまった青銅器との格差は，なお質・量ともに大きい．とりわけ，前期にさかのぼる資料がいずれも遼寧式銅剣関連と，細形銅剣に定型化した中期以降の青銅器とは一線を画す．

北部九州を中心とした日本列島は，中期の本格的な青銅器流入に先行して，遼寧式銅剣を擁する朝鮮半島から，その破片を小型利器素材として受容する縁辺地域に，弥生時代前期はあったと位置づけられる．

(3) 武器形石製品の登場

このような遼寧式銅剣文化の縁辺地域として受容したのが，武器形石製品である．日本列島において，刃部横断面菱形を呈する武器形品は，縄文文化の伝統には見いだせず，朝鮮半島において定型化した武器形石製品として，日本列島に受容された．その初現として，磨製石剣は夜臼Ⅱa式期，磨製石鏃はさらに先んじて山の寺式・夜臼Ⅰ式期に確認できる．福岡市雑餉隈遺跡では，木棺墓から夜臼式の副葬小壺を伴って，完形の磨製石剣や磨製石鏃が出土しており，登場期の姿をみることができる（図 4.3）．

このように，すでに朝鮮半島で成立定型化した武器形石製品として，武器形青銅器の普及の前に石製品が登場しており，武器の受容が青銅器に先んじて果たされていたことに留意しなければならない．

4.2　青銅器の登場と受容

水稲農耕を開始しても，なお長い青銅器不在期間を経て，ようやく青銅器が日本列島に登場し，水稲農耕社会に定着・受容されていく（吉田, 2008, 2016）．

4.2 青銅器の登場と受容

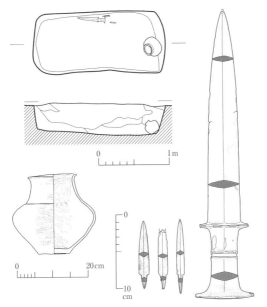

図 4.3 雑餉隈遺跡第 15 次調査 SR002 出土磨製石剣（堀苑ほか，2005）

(1) 武器形青銅器の登場

武器形青銅器が転用小型利器でなく完品として登場するのは，弥生時代中期初頭，北部九州の玄界灘沿岸において，金海式甕棺あるいは城ノ越式小壺を伴った埋葬遺構の副葬品として現れる．

登場期の様相を豊富な出土品で示すのが，福岡市吉武遺跡群．なかでも吉武高木遺跡 3 号木棺墓では，細形銅矛 1 点，細形銅戈 1 点，細形銅剣 2 点の武器形青銅器が，多鈕細文鏡や豊富な玉類とともに出土した（図 4.4）．早良平野では，吉武遺跡群をはじめ，平野の最奥部にまで武器形青銅器副葬墳墓が広がり，武器形青銅器の受容において突出した様相が認められる．西は唐津平野，東は福岡平野の東側に隣接する古賀市域あたりまでが，金海式甕棺の分布域として武器形青銅器受容範囲と重なる．甕棺墓ではないものの，遠賀川流域から北九州市域，さらには関門海峡を越えた北側の響灘沿岸の一部，そして南は佐賀平野にも武器形青銅器の出土がみられ，まさに朝鮮半島に対面した玄界灘沿岸地域を中心に，武器形青銅器の受容をみることができる．

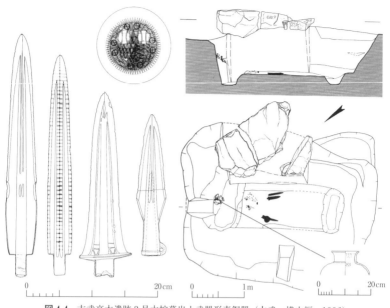

図 4.4 吉武高木遺跡 3 号木棺墓出土武器形青銅器（力武，横山編，1996）

(2) 銅鐸の登場

　名古屋市朝日遺跡出土石製鋳型は，斜格子文帯（しゃこうしもんたい）と綾杉文帯（あやすぎもんたい）の一部を残す鐸身部片にあたり，文様構成と復元される大きさから菱環鈕（りょうかんちゅう）1 式に，そして伴出土器が朝日Ⅲ期と畿内第Ⅱ様式後半並行と位置づけられ，中期前葉の銅鐸出現を示す．北部九州において武器形青銅器が受容されたのと大きく時をおかず，銅鐸が東で中期前葉には出現していることになる．

　20 cm 以上の定型化した銅鐸の一方で，北部九州では小銅鐸が，武器形青銅器とほぼ時を同じくして出現している．福岡県嘉麻市（かま）（旧嘉穂町（かほ））原田（はらだ）遺跡では，身裾に斜格子文帯を持つ小銅鐸が中期前半の墳墓から出土し，北九州市松本（まつもと）遺跡で前期末から中期初頭の土器を伴って小銅鐸鋳型が出土している．さらに，土製の銅鐸模倣品も中期前葉には存在し，北部九州においても中期前半には小銅鐸の一定程度の受容をみることができる．

(3) 青銅器登場の二相

　西日本の東西において，あまり時間差なく武器形青銅器と銅鐸は登場したが，実は登場過程に重大な差異があり，以後の展開に大きく影響を及ぼしていく．

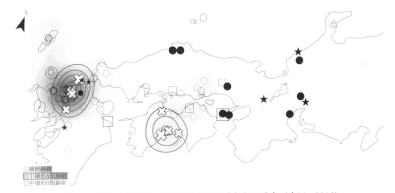

図 4.5 細形・中細形 A 類銅剣と菱環鈕式銅鐸の分布（吉田, 2016）
★：小銅鐸鋳型（中期前葉），★：銅鐸鋳型（中期前葉），●：小銅鐸（中期前葉），●：菱環鈕式銅鐸．

　武器形青銅器に関して，新来の武器形という範疇は石製品として先に登場したが，それは石という素材が金属製武器の機能を代替できたからに他ならない．対して，銅鐸には，素材を替えた銅鐸形は存在するものの，音響性は金属以外で代替できず，銅鐸あるいは小銅鐸という青銅器によって初めて，祭祀性へと展開する音響器として登場できた．

　いま一つ，地域的展開が大きく異なる．北部九州への武器形青銅器そして小銅鐸の登場はともに，朝鮮半島青銅器文化の海峡を越えて近接する地域への，ある意味同心円的波及として理解しやすい．かつ，早良平野という中心地が認識できた．翻って，出現期の銅鐸分布は対照的である．菱環鈕式銅鐸は山陰から瀬戸内東部，北陸そして東海の広域に点在する．そして，次代の近畿のような明確な核を読み取ることが難しく，広域性・散在性を特徴とする（図 4.5）．また，縄文時代以来の伝統をより残した東日本地域の一端を含み込むことで，複雑な文様や立体的造形性が銅鐸には付加される．ある意味，唐突ともいえる銅鐸出現には，北部九州の武器形青銅器とは異なる青銅器，それも祭器としての青銅器を求めた，山陰から北陸，近畿そして東海といった広域が連動した意図を読み取ることができよう．武器形青銅器と銅鐸という，以後の弥生青銅器文化の二つの潮流は，当初からの意図的選択の結果だったのである．

4.3 弥生青銅器の祭器化

異なる前段を経て登場した武器形青銅器と銅鐸は，以後の祭器化においても異なった展開をみせていく．

(1) 武器形青銅器の変容

武器形青銅器の前に，武器形石製品により，武器とそれを用いた争いという交渉が，地域社会に持ち込まれていた．そのため，実用性に裏打ちされた武器形に対する武威の念も形成され，武器形青銅器の登場はそれをいっそう増幅させたと推測される．武器形青銅器登場段階には，武器の実用性と武威の祭祀性という両義性がすでに成熟し，いずれに比重を置き，どう形態を変化させ，どう広がっていくか，これらが武器形青銅器の祭器化の実態となっていく．

a. 北部九州における武器形青銅器の変容

完品武器形青銅器が登場してあまり時をおかず，中期前半には青銅器生産も始まる．そして早々に，朝鮮半島とは異なる日本列島的特徴が出現する．それらをいっそう際立たせ，武器形3種それぞれが複数型式から1型式に収斂して見た目の大型化を図ることで，朝鮮半島とは明らかに一線を画す中細形を成立させた（岩永，1994；吉田，2011など）．また，北部九州においても，多数の中から銅矛を尊重する西部と，銅戈を重視する東部といった，武器形青銅器の取り扱い方をめぐる地域性が現れる（吉田，2015）．

b. 中四国地方以東での銅剣の変容

中期中葉頃から，銅剣が関門海峡を東に越えて中四国地方以東に広がっていく．そのとき，銅剣に関部双孔が付加される（吉田，2012b）．

銅剣関部双孔の初現は，北部九州圏での出土例から絞り込むことができる．北九州市小倉城二ノ丸家老屋敷跡の，中期初頭の土器棺墓に切られた石棺墓IV-1（図4.6）と，福岡県遠賀郡遠賀町金丸遺跡2次調査2号土壙墓から，関部双孔を持つ細形銅剣が出土し，前者は中期初頭，後者も周辺の状況から中期前半に収まる．つまり，北部九州の玄界灘沿岸でもやや東に偏った地域の，中期初頭から前葉に，銅剣関部双孔の出現を確認できることになる．

これらを含め，関部双孔を伴う銅剣は，現時点で46点．細形から中細形，平形I式・東部瀬戸内系平形I式，そして多樋式や深樋式，鉄剣形，細形・中細形の

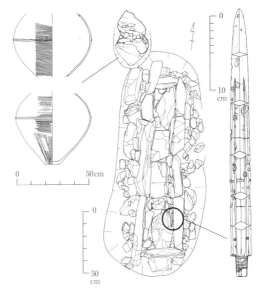

図 4.6 小倉城二ノ丸家老屋敷跡石棺墓出土銅剣（高野編，2012）

再加工例と，多様な型式に及ぶ．

関部双孔の有無を確認できた銅剣総数は 625 点．すると銅剣全体に占める関部双孔銅剣は 7.4%（46/625）でしかない．関門海峡の東西で分けても，北部九州では 4.7%（6/129），中四国地方以東で 8.1%（40/496）．ただし，島根県出雲市（旧斐川町）神庭荒神谷銅剣 358 点（うち 2 点は関部双孔鋳掛け封鎖）を除くと，中四国地方以東では 27.5%（38/138）．さらに型式別では，再加工を除く細形・中細形 A 類の関部双孔は 20 点．このうち 2 点のみが先の北部九州出土で，他 18 点は中四国地方以東出土．中四国地方以東出土で関部双孔の有無を確認できる銅剣の 90%（18/20）に達し，中四国地方以東では関部双孔が必須に近い装置となっており，中細形 B 類そして中細形 BC 類銅剣にも引き継がれる．

このような銅剣関部双孔の機能について，双孔位置（関部から孔芯までの左右平均距離）の検討によると（図 4.7），細形の最低位置 1.7 cm から中細形の最高位置として 7.3 cm までと，剣身長の増大に伴って関部双孔は高位置化する傾向にある．他方，これに反して，低位置関部双孔として現れるのが，中期末葉の多樋式，後期の深樋式や鉄剣形，さらには細形・中細形の再加工例で，双孔位置 1 cm 以下のものが多い．このなかの福岡県春日市須玖岡本 D 地点出土多樋式銅剣は，茎部

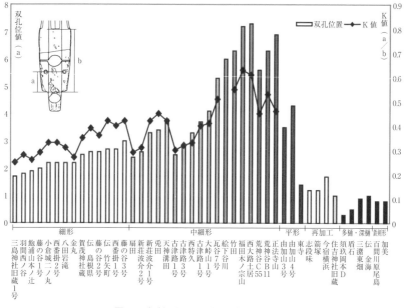

図 4.7 銅剣関部双孔の位置（吉田，2014）

と関部双孔を含んだ下端に木質をわずかに残し錆具合が異なり，関部双孔と茎の1孔が着柄用目釘孔であったことが明らかである．したがって，多樋式ほかの低位置関部双孔は，関部自体を覆うように着柄するための目釘孔と理解することができる．すると逆に，高位置関部双孔に目釘孔としての機能は求められない．着柄痕跡もなく，関部双孔位置に刃研ぎを行う細形Ⅱ式b類も少なくない．着柄を意図せず，孔に直接的な負荷があまりかからない用法となると，布帛あるいは紐など吹き流し状の装飾付加装置とすることが最も適切であろう．

c. 武器形青銅器取り扱いの二相

本来の武器としての取り扱いを保った北部九州においては，銅剣は茎を介在して柄に装着され，使用時には腰に佩用されていた．銅矛は長柄に装着されるが，一方で装飾的装置として銅矛本体に半環状の耳があり，吹き流し状の装飾が推定される．同じく長柄に紐などで緊縛された銅戈も，柄に装飾用の孔を持つ場合があり，北部九州東部では銅矛よりも尊重された気配がある．ただいずれにせよ，北部九州では実用性に基づく佩用が個人の威儀発揚に機能し副葬され（図4.8左・中），それが後段の祭器化の前提となっている．

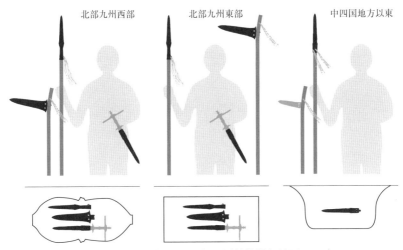

図 4.8 細形武器形青銅器の用法の地域性模式図（吉田，2015）

対して，中四国地方以東では，銅矛・銅戈の完品はほとんどもたらされず，一定の流入をみた銅剣は，上述した関部双孔が穿たれ，吹き流し状の装飾装置が加わる．銅矛欠落もあって，本来の腰への佩用でなく，操作者の身体から可能な限り離れた長柄装着が選択され，同時に個人への帰属からも切り離された．長柄に装着され，吹き流しなどの装飾も付加された銅剣が，共有の祭器として，多くの一般成員が集まる公開性の高い場面で高く掲げられ，最終的には埋納という祭祀によって地下に埋められる（図 4.8 右）．それゆえ，銅鐸と連動するように，見た目の大型化への欲求が事後さらに増大していく．

(2) 武器形青銅器と銅鐸の志向性

銅鐸の祭器としての地位は，金属器の音響性と文様を持った立体物としての造形性に依拠していた．この祭器たる特性が，中期後葉前後から変容し，武器形青銅器と見事なまでの対照をみせていく．

a. 武器形青銅器の同笵関係

358 本という資料数と，研磨工程各段階の多様な痕跡が残り，鋳込みによる造形と研ぎによる造形の明確な峻別ができた神庭荒神谷銅剣の分析では，358 本中の 296 本に対して 226 個の鋳型と判定し，1 鋳型で最大 5 本鋳造もあったものの，1 鋳型平均の鋳造本数は 1.31 本（296/226）と算出した（松本，足立編，1996）．

同様の分析を銅戈や銅矛に広げてみても，平均鋳造本数は最大でも1.2本と神庭荒神谷銅剣を超えず，武器形青銅器では同笵(どうはん)関係の多くないことを導き出した(柳浦ほか, 2004)．つまり，武器形青銅器の石製鋳型使用は，同笵品製作による省力化を意図したものではないことになる．

b. 銅鐸の同笵関係

他方，銅鐸には同笵関係が多数知られ，石製鋳型を何度も補修しながら複数回の鋳造を行っていた．1鋳型での製作個数も最大7点を数え，1鋳型あたりの平均鋳造数は優に2点を超え，武器形青銅器との格差は大きい．

ところが，このような高頻度の同笵銅鐸も，扁平鈕式新段階(へんぺいちゅうしき)以降激減する．同笵製作可能な石製鋳型から，複数回使用が難しい土製鋳型に転換するからである．使い回しが利き製作の省力化が大きい特性を退けてでも，鋳型の素材転換を図っていることになる．

その意図は鋳造技術の一端である鋳掛(いか)けと補刻(はこく)の展開から推し量ることができる．菱環鈕式・外縁付鈕1式(がいえんつきちゅう)の段階では，文様鋳出(ちゅうしゅつ)不鮮明な銅鐸が比較的多く，鋳掛けは存在するが少なく範囲も狭い．大きな鋳造不良が生じた場合は鋳込み自体をやり直したからであろう．外縁付鈕2式になると，鋳掛けの多用と広範囲化が認められ，強度を補う円形の足掛かり孔も出現する．鋳掛け部分への追加施文である補刻も始まり，扁平鈕式新段階では陰陽逆転のない文様連続を意図した鋳掛けも現れる（難波, 1999, 2000など）．つまり，外縁付鈕2式以降は文様鋳出要求への対応が図られているのである．そして，より鮮明な文様鋳出に適した技法として，扁平鈕式新段階で土製鋳型が採用され，その延長により太く突線化した文様を持つ突線鈕式の出現がある．同時に，銅鐸のいっそうの大型化への途を開いた技術転換でもあった．

c. 武器形青銅器と銅鐸の志向性の差異

武器形青銅器は，同笵製作可能でありながら，その特性を活用せず，文様鋳出の欲求もほとんどない．それゆえ，例外的な陽出(ようしゅつ)文様を持つ銅剣が，研ぎを制限したことによって型式変化のうえで大きな転換点となった（吉田, 2006, 2009）．武器形青銅器においては，本来の武器として研ぎ澄まされた金属光沢をより効果的に発揮する技法として，中広形銅矛を中心に幅広の研ぎ分けが駆使される．磨き上げられた金属器の輝きこそが，文様に代わる装飾要素として，武器形青銅器には高く意識され続けたのである．

対して銅鐸は，同笵品製作可能という技術特性を排してでも，鮮明な文様鋳出

への欲求から土製鋳型を採用した．文様を持った立体的な造形性と音響性を兼ね備えた祭器として創出された銅鐸が，鋳造技術の進展に伴い，より鮮明な文様を重視する方向に大きく舵を切ったのである．結果，さらなる大型化を招き，音響性を失わざるを得なくなった．これが「聞く銅鐸」から「見る銅鐸」への転換の実態であったといえよう．

4.4 青銅器模倣品の展開

青銅器祭祀の展開を語るうえで，青銅器自体の稀少さを補うのが模倣品である．各青銅器そして各地域において多様な模倣がなされ，そのあり方に，青銅器・青銅器文化の各地域への広がりに伴う青銅器祭祀の地域性・在地化を読み取ることができる（表 4.1）．

(1) 各青銅器の模倣
まず，器種ごとに模倣のあり方を概観する．
a．銅矛の模倣
銅矛の模倣品は少ない．北部九州では，ミニチュアとでもいうべき製品と鋳型があるのみで，中四国地方以東でも，近畿地域での石製品 3 例のみで，中細形銅矛が模倣対象とみられ，大きさは青銅器にほぼ等しい（吉田，1997）．
b．銅戈の模倣
銅戈の模倣は，北部九州東部で石製模倣品がまとまりをみせる．一方，同じ銅戈模倣の石製品でも，北部九州では樋を基本的に写し取らなかったが，近畿地域以東には有樋の銅戈形石製品も広がる．中期中葉頃の近畿型銅戈流入に対応したと考えられ，とりわけ北信地域を中心に上越・西毛地域に及ぶ中部高地で盛行し（下條，1976，1982；寺前，2010 など），近畿型銅戈に特徴的な樋内の鋸歯文を刻む土製品まで存在する．なお模倣時に大きさの変化はあまりない．

表 4.1 北部九州（左）と中四国地方以東（右）の青銅器模倣（吉田，2014）

	石	木	土	銅		石	木	土	銅
銅矛	○	×	×	×	銅矛	△	△	×	×
銅戈	○	○	×	×	銅戈	○	○	△	×
銅剣	○	○	△	×	銅剣	○	○	△	×
銅鐸(小)	○	×	×	○	銅鐸	○	△	×	○

○は定量存在，△は少量存在，×は存在せず

これらの石製品が，北部九州と中部高地という特定の範囲に集中展開するのに対し，銅戈模倣の木製品は，その特定範囲を除いて広域に分布する．

c. 銅剣の模倣

銅剣の模倣は北部九州で少なく，近畿から北陸地域に銅剣形石製品が広がり，数は少ないものの，山陰地域や南四国地域でも，独自の石製模倣が行なわれている（種定，1990）．いずれも大きさは青銅器に変わらない．

木製の銅剣模倣品も銅戈形同様の広がりをみせるが，特に石製模倣が稀少な瀬戸内地域では，立体的で精巧な模倣品が存在し，山陰東部地域では，同様の精巧な模倣が鯨骨によって行なわれ，素材の選択に地域性をみることができる．

d. 銅鐸の模倣

銅鐸模倣では，広範な銅鐸分布圏内各地に土製品が存在する．ただし，たとえば近畿北半に多くない，東海地域では後期に増大するなど，地域・時期，そして模倣の質・量などの差違が大きく，各模倣品間の個体差も大きい（大野，2004；神尾，2012；黒沢，2012など）．何より，手のひらサイズともいえるほど小型化して，模倣時の縮尺率が大きい．

対して，青銅製品である小銅鐸は，銅鐸形ということで一括りとしながらも，銅鐸模倣だけでなく朝鮮式小銅鐸など銅鐸起源関連資料すら含む可能性があり，単純でない．また，小型とはいえ青銅器として一定の製作技術を要し，地域的まとまりを窺える場合もある．

銅鐸分布圏外の北部九州でも，銅鐸形土製品がまとまって存在するが，朝鮮式小銅鐸，小銅鐸，さらには福田型銅鐸などの九州製銅鐸の模倣品が混在する可能性があり，変化に富む（天本，1994）．そして，銅鐸分布圏外東側の関東地方に，時期を古墳時代初頭まで降らせながら，小銅鐸が広がる（比田井，2001など）．

(2) 青銅器模倣の地域的展開

青銅器模倣は器種による差があるとともに，そのあり方が地域単位で生じており，青銅器・青銅器文化の受容に対する各地域の直接的反応として，地域が受容した青銅器文化の在地化を青銅器模倣にみることができる．

a. 北部九州の銅戈模倣

北部九州東部では，最初期には有樋も確認されるが，細形銅戈から樋の表現を省略しつつ外形と着柄方法を忠実に模倣した無樋の銅戈形石製品が中期初頭に登場する．そして，中期の時間幅の中で，着柄機能形骸化に基づく型式変遷を復元

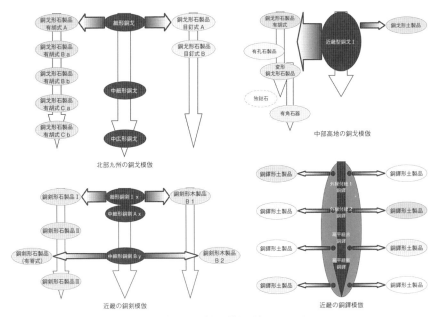

図 4.9　各地域の青銅器模倣（吉田，2014）

できる．成立こそ細形銅戈からの模倣を契機とするが，その後の安定した型式変遷は，模倣品自体で完結している．着柄の形骸化は銅戈と銅戈形石製品が変化の方向を一致させながら，鋒幅増大などの見た目の大型化を進めた銅戈に対応する．銅戈形石製品の変化はまったくみられない．そして，銅戈形石製品には，特定の製作集団の存在が窺える．つまり，模倣に端を発しながら，その後は銅戈と距離をおいて，特定の製作集団による独自の器物として展開を遂げており，銅戈と銅戈形石製品が緊密な関係を保ちながら，同じ祭器として重層的に機能した状況を想定することは難しい（図 4.9 左上）．

b. 中部高地の銅戈模倣

中部高地に近畿型銅戈 I 式がもたらされる中期中葉以降，これを契機に石製による銅戈模倣が始まる．有樋・無樋が混在し，銅戈形石製品から変形銅戈形石製品に変化する段階で，石材が変質輝緑岩に集約され，製作集落も特定される状況が指摘されている（馬場，2008）．さらに，銅戈形石製品が変化を遂げ，一部に縄文系の独鈷石などからの系譜を取り込みつつも（岡本，1999），関東地方に盛行する有角石器にまで系譜を辿ることができ，かつその間，斧刃状といわれる（馬場，

2008)銅戈と銅戈形石製品に共通した再加工のあり方からも，近畿型銅戈との不断の関係性が窺える（図4.9右上）．中部高地における銅戈関連祭祀においては，銅戈と銅戈形石製品により，保有集団および祭祀の重層性が達成されていたと理解することができる（吉田，2013）．

c. 近畿の銅剣模倣

近畿においては，中期中葉から後葉に，製作工程簡略化という形で銅剣形石製品の型式変遷をみいだせた．未製品出土遺跡もあり，北部九州の銅戈形石製品と同じく，特定の製作集団の存在が想定できる．また，最初に細形ないし中細形A類銅剣から石製模倣品が創出された後は，見た目の大型化という銅剣の変化から独立していることも，北部九州の銅戈模倣に一致する．新式の中細形B類yタイプ銅剣を新たに模倣した石製品も存在したが，従前の銅剣形石製品と製作工程が異なる派生個体であり，木製品も精巧な模倣品を欠く．つまり，近畿の銅剣模倣も，成立以後に青銅器と距離をおいて展開し，素材を違えた祭器が銅剣祭祀のなかで重層的な関係を持つことはなかった（図4.9左下）．

d. 近畿の銅鐸模倣

銅鐸模倣については，先に模倣品間の個体差の大きさ，多様性を指摘した．銅鐸形土製品のこれまでの検討でも，基本的に銅鐸との形態の類似度を個体ごとに判断し，その度合いの分類に終始してきた．つまり，銅戈形石製品や銅剣形石製品が，それ自体で型式変遷したことと大きく異なる．これが，銅鐸模倣の最大の特色である．

忠実な模倣も確かにあるが，文様や形態の逸脱程度の大きさは，何より土製という可塑性の高い，要する技術の最も安易な素材選択に対応する．模倣に際しての縮尺率もかなり大きい．模倣品を専門に製作する集団を想定する必要はあるまい．銅鐸に対面した個人ないしは少人数の集団が，個別体験に基づいて模倣を行なった姿こそ浮かびあがる．もちろん，模倣行為が集団内で共有あるいは容認されてはいるが，個々模倣品は共有されるべき社会的存在になっていない．ある意味，最も個人レベルに近い祭祀行為への浸透として，逆に銅鐸祭祀の底辺拡大とも評価することができる．

(3) 青銅器模倣の特性

青銅器模倣について，何より地域によって選択される模倣対象の相違があった．流入青銅器の種類・量に応じて，選択肢がそれぞれの地域で異なり，かつ地域で

の志向性が加わり，模倣の多彩な地域性が形成された．そのなかで，北部九州での模倣の低調さは目立つ．豊富な青銅器を持つがゆえに，あえて素材を違えてまで模倣を行なう必要がなかったのであろう．稀少な流入青銅器に対応した中四国地方以東と，豊富な青銅器を有する北部九州の歴然たる差が窺える．

　模倣対象青銅器と模倣品が，その取り扱いも含めて「祭祀の重層性」を達成している．そのような言説がしばしばなされてきたが，そう単純ではない．模倣品自体が製作集団の手により確立し，青銅器から離れて独自の変化を辿った北部九州の銅戈形石製品や近畿の銅剣形石製品に，模倣対象の青銅器との重層的関係を想定することは難しい．むしろ，対象とは異なる青銅祭器と補完しあう場合すら，近畿北部の銅剣形石製品には指摘されている（種定，1990）．少ない青銅器流入に応じ，銅戈形の範疇を超えて展開する多様な形態を生み出した，中部高地での銅戈の石製模倣が，ほぼ唯一重層性を語るに相応しい．他方，重層性は認められながらも，土製をもっぱらとした銅鐸模倣は，個人レベルに近い行為として，他の青銅器模倣とは社会的位置づけを異にしなければならない．

4.5　地域型青銅器の確立

　青銅器そのものの列島範囲での広がりに伴い，各地に多様なあるいは特定の青銅器，そして各種青銅器模倣が展開していき，中期末葉に特定分布域を持つ地域型青銅器へと達する．

(1) 地域型青銅器の分布

　中期末葉には西日本を中心に地域を分割するように，青銅器分布圏が割拠する．中広形銅矛，中広形銅戈，中細形C類銅剣，平形銅剣，東部瀬戸内系平形銅剣，近畿型銅戈II・III式，そして扁平鈕式銅鐸の青銅器分布である（吉田ほか，2008）．まず，中細形C類銅剣と平形銅剣は，密度分布の高まりも，また出土遺跡自体も重なることがほとんどなく，前者が出雲地域，後者が瀬戸内南岸地域に分布域を形成する．平形銅剣分布域の東側には，東部瀬戸内系平形銅剣と近畿型銅戈II・III式が一定の分布域を持つが，出土点数は少ない（図4.10上）．一方，西側では，春日丘陵の一大青銅器生産拠点で製作された中広形銅矛が，北部九州から北は対馬へ，東は豊後地域から南四国地域へ広がり，神庭荒神谷遺跡により出雲地域にも一極を形成する．対して東側の近畿を中心とした地域では，畿内地域と東四国

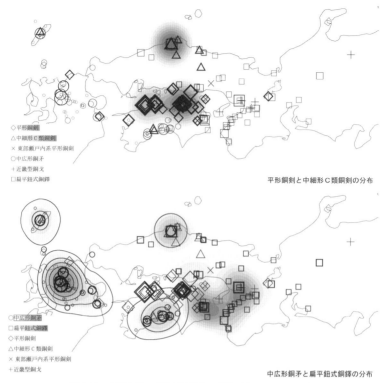

図 4.10 中期末葉の青銅祭器分布の対峙（吉田ほか，2008）

地域を中心に扁平鈕式銅鐸の密度分布が高まる（図 4.10 下）．

(2) 地域型青銅器と弥生社会

際立った分布をみせる地域型青銅器が，それぞれ地域社会でどのように位置づけられていたのか，北部九州と瀬戸内，そして出雲の内実をみよう．

a. 北部九州における青銅器の分節化

北部九州では中広形銅矛だけでなく，多種の青銅器が存在し，使い分けが行なわれる（吉田，2002）．すなわち，北部九州における最高位の祭器として中広形銅矛，その下位に中広形銅戈があり，最終的に埋納される武器形青銅祭器「奉祭の剣」として機能した．一方，中期末葉の王墓には，長柄に装着され保有者の権威を高めた「威儀の剣」である中細形銅矛が棺内副葬され，特別に入手あるいは創

4.5 地域型青銅器の確立　　　105

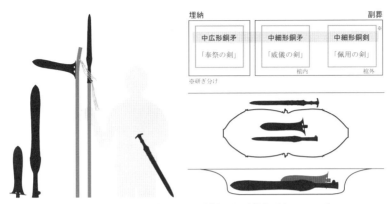

図 4.11　北部九州中期後葉の武器形青銅器の分節化（吉田，2014）

出された多樋式銅剣や中細形 A′ 類銅剣，中細形 II 式銅剣は，被葬者が生前身に帯びた「佩用の剣」として棺外副葬される．三者の刃部には研ぎ分けが共通してみられ，地上にあっては保有者の傍らで威儀を高める，あるいは最高の祭器として広く一般成員に示される，対して地下への最終的消費においては，王墓を頂点とした副葬に供される，あるいは祭器として埋納されるといった，各場面での厳然たる使い分け，分節化が中期末葉の北部九州には成立していたのである（図4.11）．ただ，その分節化の頂点には，自ら創出した武器形青銅器でなく，中国王朝の威信・観念をまとった大型前漢鏡がすでに占めていた．

b. 平形銅剣と文京遺跡

多様な青銅器の分節化に対し，中四国地方以東の地域では，1器種への特化を図った．瀬戸内南岸地域では平形銅剣である．密度分布では瀬戸内南岸でも讃岐地域に高いが，中広形銅矛や扁平鈕式銅鐸など平形銅剣以外の青銅器と混在し，共伴例もある．対して，松山平野では平形銅剣 22 点が，平野北端の道後城北地域の半径 1 km 内外に集中し，かつその範囲に他の青銅祭器はみられず，平形銅剣が局所的・排他的に分布する．

そして，同時期の道後城北地域には，松山市文京遺跡の集落が存在した．大型掘立柱建物や周溝遺構を中心とした中枢域，多数の竪穴建物が群在する密集居住域，高床倉庫の集中する貯蔵域，そして諸生産活動が想定できる生産域と，集落内に機能別配置がみられる．また，銅鏡や鋳造鉄斧などの舶載品をはじめとした多様な交流を窺わせる出土品があり，青銅器生産の存在も考慮され，地域弥生社会の核たる大規模密集型集落と評価される（田崎，2006；柴田，2009 など）．集

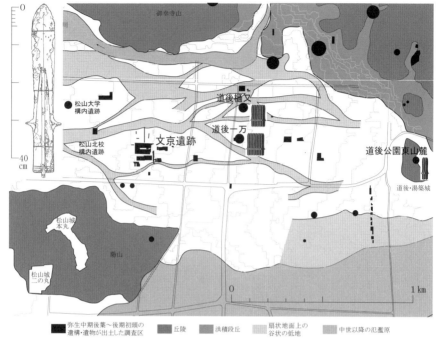

図 4.12 文京遺跡と平形銅剣（吉田，2014）

落至近の平形銅剣埋納地は，大型建物から東に 500 m 程度しか離れていない（図 4.12）．墳墓を介して特定個人の姿までは見えないものの，平形銅剣の祭祀あるいは生産までもが，大規模集落を中心とした地域弥生社会の構造に包摂され，地域型青銅器が地域弥生社会の形成を象徴かつ維持する重要な機能を果たしていたと考えられる．

c. 神庭荒神谷遺跡の大量埋納と田和山遺跡

一括大量埋納された神庭荒神谷遺跡の 358 本もの中細形 C 類銅剣は，剣身長 50 cm 前後と，おそらく切り出し時にすでに規格化された鋳型石材調達により，一定の型式的まとまりを持ちつつ，突起位置や元部外形や脊（むね）の厚みに変化を生じさせ（図 4.13），鋳型を一定使い回して一括製作しながらも，ほどなく一括埋納されたと強く推察された（松本，足立編，1996）．神庭荒神谷と同時製作ではないものの，同じ中細形 C 類に位置づけられる銅剣は，出雲から伯耆（ほうき）地域にかけて分布している．鋳型出土をみないが，一括製作の姿を保ったままの神庭荒神谷遺跡にお

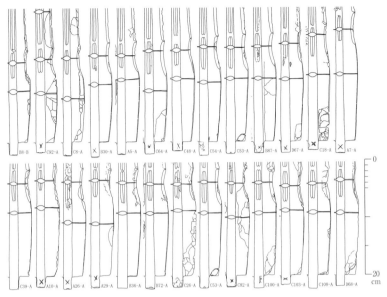

図 4.13　神庭荒神谷銅剣の変異（吉田，2014）

ける大量埋納と，出雲地域を中心とした分布から，中細形 C 類銅剣を出雲で製作された可能性がきわめて高い地域型青銅器と位置づける．

　一方，松江市田和山(たわやま)遺跡は，3 重環濠で囲われた狭い山頂部に，柵で囲繞され，さらに目隠し柵を伴う 9 本柱遺構だけが存在し，防御性よりもむしろ特異な祭祀的景観をなす．この遺跡で実は，関部双孔の欠如や円柱状の脊の作出，そして大きさから，神庭荒神谷銅剣を含む中細形 C 類銅剣模倣と判断できる銅剣形石製品が出土している．つまり，特殊な遺構配置を持ち，ある意味公開性の高い田和山の地での祭祀において，秘匿性の高い立地の神庭荒神谷に大量埋納される中細形 C 類銅剣を模倣した銅剣形石剣が用いられており，神庭荒神谷での限定的な青銅器埋納祭祀だけでなく，田和山での青銅器模倣品による公開性の高い祭祀の執行により，出雲における中細形 C 類銅剣祭祀が，重層化を伴って地域社会に広く浸透していたことを推し量ることができる（吉田，2012a）．

4.6　弥生青銅器祭祀の終焉

　中期後葉に地域型青銅器を各地に成立させ，かつ青銅器としても研ぎ分けを施

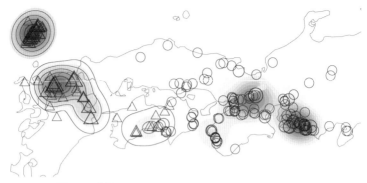

図 4.14 後期の大型青銅祭器分布の対峙（吉田ほか，2008）
△広形銅矛，○突線鈕式銅鐸．

す中広形銅矛や最も精美な横帯分割型銅鐸などの出現をみた後，弥生後期になると青銅器・青銅器文化は終焉に向けた動きを加速させていく．何より，銅剣の多くや近畿型銅戈が中期で製作を停止する．後期には，中期末葉の青銅器を一部残すものの，中期以来の系譜を引く大型青銅祭器は，広形銅矛と広形銅戈，これに近畿式と三遠式が並ぶ突線鈕式銅鐸のみとなり，他に各種小型青銅器が現れる．

(1) 大型青銅祭器の分布

広形銅矛と突線鈕式銅鐸は，中期末葉の祭器分布圏対峙の様相を継承し，とりわけ南四国で境界を接して先鋭化する．広形銅矛は中広形銅矛に続いて，九州島から北は対馬の分布密度がいっそう高まり，東へは豊前・豊後地域から四国南西部に高密度域を形成する．突線鈕式銅鐸は，高密度分布の中心を畿内地域よりやや北に移し，西へは紀伊半島西側から南四国東部地域へと密度分布を高める．そして，後期東海地域の地域型青銅器たる三遠式銅鐸の集中もあって，新たに東海地域に明瞭な高まりが形成される（吉田ほか，2008）．そして，瀬戸内海沿岸と山陰から北陸の日本海沿岸に，大型青銅祭器空白域が広がる（図 4.14）．

(2) 対馬の青銅器

そのようななか，列島青銅器文化の最西北端の対馬では，地理的特性もあって，特異な青銅器文化が展開する．

対馬で最も目立つのは中広形・広形の銅矛で，島内出土 120 本を超える．広形銅矛が，中広形に続いて北部九州最高位の祭器として埋納される一方で，墳墓へ

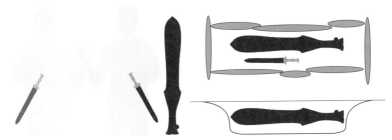

図 4.15 対馬の後期の武器形青銅器（吉田, 2014）

副葬されることもある．また，細形銅剣や深樋式銅剣がなお副葬され，そのなかには旧式銅剣再加工による「佩用の剣」への仕立て上げも少なくない．そして，「銅材の集合」とも目される各種異形青銅器類が多数に及ぶ（下條, 1979）．

「佩用の剣」であることにこだわった銅剣は，北部九州と朝鮮半島南部の間にあって，対外交渉の場面で同じ「佩用の剣」を帯びた半島南部との共通性を演出し，その過程で交易者として各種異形青銅器の集積が果たされた．そして，北部九州の祭器を奉じて埋納することで北部九州圏への帰属意識を見せつつ，その「奉祭の剣」すら副葬に供することがある．このような複雑な青銅器のあり方（図4.15）が後期の対馬には生じていた（吉田, 2001, 2002）．中期後葉の北部九州における武器形青銅器の分節化を継承しつつ，その枠を超えて自らの青銅器文化を構築した対馬海人の強かな独自性がみられるとともに，分節化をピークに終焉へと向かう青銅器文化の一側面をみることができる．

(3) 各種小型青銅器の登場

列島ほぼ全域において，大型青銅器退潮の一方で，銅鏡（舶載鏡・小型倣製鏡），小銅鐸，銅釧，巴形銅器，銅鋤先，銅鏃，筒形銅器，銅貨といった多種の小型青銅器が現れ，数を増し，かつ広範囲に展開していく．

たとえば，後期後半早々に岡山県倉敷市楯築弥生墳丘墓を出現させる岡山県足守川流域では，最上流域の岡山県総社市高塚遺跡に突線鈕2式流水文銅鐸が埋納された後，銅鏃，銅鏡，小銅鐸，銅釧，棒状銅製品，貨泉の各種青銅器がみられるようになる．なかでも銅鏃は，出土の遺跡・数とも後期中葉以降増大する．同じ状況は岡山市百間川遺跡群でも確認できる．

対岸の香川県善通寺市旧練兵場遺跡でも，60点を超える大量の銅鏃出土があり，やはり後期後半以降に数を増している．そのなかには，タガネ痕や鋳張り除

去の不徹底など，丁寧な仕上げを行なっていない個体が多く，形態差も小さくない．製作関連資料を確認できないものの，集落内での生産から消費が窺え，後期後半には銅鏃を遺跡内に残す，換言すれば廃棄できるほどに至っている．つまり，中期までは祭器への充当にもっぱらだった青銅が，銅鏃という，ある意味消費財素材に充てられるようになっている．

　畿内地域でも後期には鉄鏃以上の銅鏃出土を数え，東海地域でも，銅鐸の一方で銅鏃を多く保有し，有孔銅鏃など儀器的要素を持ちつつも，武器としての鏃製作への青銅充当をみることができる．それ以上に，多彩な小型青銅器を保有する社会が後期の中部から関東地方には広がり（柳田編，2012など），「部族性を表象するアイテム」との位置づけもある（赤塚，2004）．

　金属素材としてさらに先鋭的な扱いを見せるのが，広形銅矛と突線鈕式銅鐸の分布拮抗の最前線に位置する高知市（旧春野町）西分増井遺跡である．後期初頭から中葉にかけて，中広形銅矛や扁平鈕式銅鐸，広形銅戈の破片がまとまって出土し，一部に小型利器への転用もあり，かつて祭器として機能した青銅器を，自らの手で青銅素材として破砕した可能性すらある．

　以上のように，大型青銅祭器の保有にかかわらず，青銅素材が祭器のみに独占される状況にはもはやなく，小型青銅器の原料に開放され，地域によっては，入手可能量に応じて，銅鏃など消費性の高い器物の素材に充当されていく．後期後半以降，それが加速度的に進み，大型青銅祭器の社会的価値は，相対的低下をいっそう被ったと考えられる．

(4) 弥生青銅祭器の系譜

　小型青銅器盛行の一方で，広形銅矛と突線鈕式銅鐸は，少なくとも古墳時代に降ることが特定できた青銅祭器埋納が存在せず，古墳という葬送儀礼の新たな祭場に弥生青銅祭器が存在しないことから，古墳成立という時代転換にあたり最終埋納を終え，新たな祭器を作り出すことも，再び取り出すこともなくなった．

　ただ一方で，銅鏡だけは弥生時代から古墳時代にかけて青銅器として継続し，かつ古墳での葬送儀礼において枢要な役割を果たしていく．弥生青銅祭器として終焉を迎えた武器形青銅器と銅鐸との相異は何だったのか．

　武器形青銅祭器は，磨き上げられた金属光沢こそが祭器たるゆえんとし，そのピークを研ぎ分け技法を駆使した中広形銅矛にみた．すると，研磨の明らかな退行をみる広形銅矛は，祭器形態として終末型式に相応しい．一方の銅鐸は，磨き

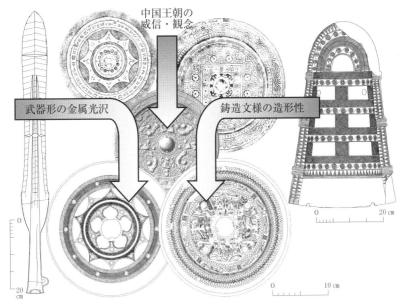

図 4.16 銅鏡に継承された弥生青銅器の二相（吉田，2014 より再編）

上げられた金属光沢でなく，大きさも含めた鮮明な鋳造文様を持った造形性の高さに祭器たるゆえんをみいだした．しかし，その祭祀を主導した畿内地域において，むしろ早々に祭祀の停止が進み，青銅祭器の更新による新たな青銅器祭祀の創出にはついぞ向かわず，新たな祭祀への交替を選択した．

そのなかで，両者の性格を具備可能であったのが銅鏡である．鏡面と鏡背の二面からなる銅鏡は，鏡面に武器形青銅器に共通する金属光沢を，鏡背は銅鐸に求められていた文様の造形性を継承した．しかも，中期後葉の中国王朝との直接・間接の交渉により舶載された銅鏡は，中国王朝の威信や鏡背に鋳出された宇宙観・宗教観に基づいて，北部九州における青銅器分節化における最上位を入手当初から占めていた．

このような価値と意味を複合的に保持できた銅鏡であったからこそ，後期を通じて，小型倣製鏡製作や鏡片保有などにより，銅鏡に基づく重層的な価値体系を作り出そうとした．しかし，舶載鏡に並ぶ倣製鏡製作は，石製鋳型による技術伝統では果たせず，魏晋王朝の威信を帯びた新たな舶載鏡とともに，舶載鏡と並ぶほどの大きさと文様を達成した精製大型倭製鏡を待たねばならなかった（図4.16）．葬送儀礼という新たな祭祀舞台として前方後円墳が創出されるなかで，弥生青銅

祭器の性格をも引き継ぐことができた銅鏡のみが，新たな「祭器」として古墳祭祀のなかで重要な役割を担っていくことになったのである．

まとめ

弥生時代における青銅器文化展開の大枠を最初に示し，詳細について述べてきた．

このような青銅器文化の展開は，東アジア金属器文化の周縁に位置し，青銅と鉄があまり時間差なくもたらされながら，青銅と鉄いずれも，日常利器のすべてを賄えるほどの物量を確保できないという制約のなかで，初めて手にした金属を，いかに用いて社会的意味を与えていったか，その多彩な対応に他ならない．その最も枢要なる対応が，青銅を祭器に特化させていくという選択であったことに，日本列島の初期農耕社会における弥生文化の，大きな特色とみることができよう．

新たな優秀な素材，財たるものをいかに使うか．弥生時代の人々が出した回答に，現代を生きる私たちが学ぶべきところは小さくない．

参考文献

赤塚次郎（2004）東日本からの青銅器論．考古学フォーラム，16，pp.2-9.
天本洋一（1994）北部九州の鐸形土製品について．佐賀考古，1号，pp.55-67.
岩永省三（1994）日本列島産青銅武器類出現の考古学的意義．古文化談叢，33集，pp.37-60.
大野勝美（2004）銅鐸形土製品考—銅鐸祭祀の東限を考える—．設立20周年記念論文集，静岡県埋蔵文化財調査研究所，pp.163-184.
岡本孝之（1999）足洗型石器の研究．考古学雑誌，84巻3号，pp.1-54.
神尾恵一（2012）銅鐸形土製品祭祀の研究．古文化談叢，67集，pp.177-221.
黒沢　浩（2012）銅鐸の周辺—銅鐸形土製品をめぐって—．みずほ，43号，pp.49-78.
柴田昌児（2009）松山平野における弥生社会の展開．国立歴史民俗博物館研究報告，第149集，pp.197-230.
下條信行（1976）石戈論．史淵，113号，pp.211-253.
下條信行（1979）南北市糴考—弥生時代対馬舶載朝鮮製青銅器の意味—．史淵，116号，pp.175-210.
下條信行（1982）武器形石製品の性格—石戈再論—．平安博物館研究紀要，7輯，pp.1-33.
高野京子編（2012）小倉城二ノ丸家老屋敷跡2，北九州市教育委員会．
田崎博之（2006）四国・瀬戸内における弥生集落—愛媛県文京遺跡の密集型大規模集落，北部九州との比較—．日本考古学協会2006年度愛媛大会研究発表資料集，pp.14-44.
種定淳介（1990）銅剣形石剣試論（上）・（下）．考古学研究，36巻4号・39巻1号，pp.21-52, pp.29-56.

参考文献

寺前直人（2010）武器と弥生社会，大阪大学出版会．
難波洋三（1999）近年の銅鐸研究の動向．徹底討論 銅鐸と邪馬台国，pp.19-81，サンライズ出版．
難波洋三（2000）同范銅鐸の展開．シルクロード学研究叢書，3号，pp.11-30．
馬場伸一郎（2008）武器形石製品と弥生中期栗林文化．「赤い土器のクニ」の考古学，pp.111-163，雄山閣．
比田井克仁（2001）関東における「小銅鐸」祭祀について．考古学雑誌，86巻2号，pp.40-68．
堀苑孝志，天野直子，入江俊行（2005）雑餉隈遺跡5，福岡市教育委員会．
松本岩雄，足立克己編（1996）出雲神庭荒神谷遺跡，島根県教育委員会．
柳浦俊一，岩永省三，吉田　広（2004）青銅器の同范関係調査報告書Ⅰ―武器形青銅器―，島根県古代文化センター．
柳田康雄編（2012）東日本の弥生時代青銅器祭祀の研究，雄山閣．
吉田　広（1997）銅矛形石矛について．みずほ，22号，pp.38-47．
吉田　広（2001）対馬海人の剣．九州考古学，75号，pp.171-194．
吉田　広（2002）武器形青銅器にみる帰属意識．考古学研究，49巻3号，pp.5-19．
吉田　広（2006）銅剣の陽出文様．喜谷美宣先生古稀記念論集，pp.91-100，喜谷美宣先生古稀記念論集刊行会．
吉田　広（2008）日本列島における武器形青銅器の鋳造開始年代（新弥生時代のはじまり3），pp.39-54，雄山閣．
吉田　広，増田浩太，山口欧志（2008）青銅祭器の対立構造（弥生時代の考古学7），pp.99-111，同成社．
吉田　広（2009）青銅器の形態と技術―武器形青銅器を中心に―（弥生時代の考古学6），pp.53-63，同成社．
吉田　広（2010）弥生時代小型青銅利器論―山口県井ノ山遺跡出土青銅器から―．山口考古，30号，pp.1-26．
吉田　広（2011）武器形祭器（講座日本の考古学6），pp.187-222，青木書店．
吉田　広（2012a）出雲青銅器文化の重層的検討．古代出雲における青銅器文化の研究，pp.7-23，島根県古代文化センター．
吉田　広（2012b）小倉城二ノ丸家老屋敷跡出土の銅剣．小倉城二ノ丸老屋敷跡2，pp.197-216，北九州市教育委員会．
吉田　広（2013）信州における青銅器の受容と祭祀．pp.295-300，日本考古学協会2013年度長野大会研究発表資料集 文化の十字路 信州．
吉田　広（2014）弥生時代青銅器文化の展開．国立歴史民俗博物館研究報告．第185集，pp.239-281．
吉田　広（2015）銅戈の副葬．弥生研究の交差点―池田保信さん還暦記念―（みずほ別冊2），pp.337-348，大和弥生文化の会．
吉田　広（2016）日本列島の初期青銅器文化．季刊考古学，135号，pp.60-63．
力武卓治，横山邦継編（1996）吉武遺跡群Ⅷ，福岡市教育委員会．

第5章 弥生文化の北の隣人
―続縄文文化―

高瀬克範

5.1 「続縄文」は縄文の継続か，縄文に続く文化か

　本章では，北海道島に展開した続縄文文化のひとびとの暮らしぶりを弥生文化のそれと対比する．

　ここでおもに念頭においている弥生文化は，北海道島の南側，つまり本州島の東北部で初期稲作を開始した時期の考古学的文化である．この地域では，稲作は行なわれているが，青銅器や環濠集落などがなく，特に北部では石庖丁や木製農具も欠落していたり，不明確だったりする．関東・北陸以西とは異なる内容を持った地域であるがゆえに典型的な弥生文化とは区別する考えもあるが（藤尾，2011, 2015；国立歴史民俗博物館，2014），多くの概説書ではまだ弥生文化のなかに含められている地域でもある（森岡ほか，2005；武末ほか，2011；石川，2010；設楽，2014）．稲作が弥生文化をくくる最重要の指標であるとする立場からは北端の弥生文化となるが，そのほかの大陸由来の要素も考慮すべきとする立場では弥生文化には入らない，そのような地域との対比である．

　「続縄文」という学術用語は，山内清男（1939）が北海道島で出土する縄文晩期直後の土器を「続縄紋式」と命名したことに由来する．したがって，当初は土器の呼び名であったが，その後の研究において，「続縄文文化」や「続縄文時代」の語が使われるようになり，弥生・古墳文化並行期の北海道島の考古学的文化あるいは時代の名称として用いられるようになってきている．ただし，続縄文文化と縄文文化との関係に関しては，まだ定説があるわけではない．当然，続縄文文化と弥生文化の関係も，難しい課題として横たわっている．

　縄文と続縄文の関係には，大きくみて二つの見方がある．一つは，両者のあいだに大きな違いを認めず，続縄文を「縄文の継続」とする意見である（工藤，1989；

小杉，2011)．一般的な傾向として，縄文文化から続縄文文化にかけて物質文化の連続性はかなり高いため，集団の系統性にも大きな断絶はないと考えられる．また，続縄文文化では稲作が受容されることがなく，縄文文化期以来の狩猟採集経済が継続したことも疑いがない．こうした点が重視され，縄文文化の六期区分，すなわち草創期・早期・前期・中期・後期・晩期のあとに，北海道島のみ「続縄文期」を設けるべきとの提案も行なわれている（小杉，2011）．

これに対して，続縄文文化は縄文文化とは異なる性格を有しており，「続縄文」を「縄文に続く」文化とみる意見もある．ここで重視されているのは，人類と魚類の関係である．続縄文文化にみられる漁撈活動の活発化，それに依存した新たな生活形態の確立，新規漁場の開拓などが，縄文文化にはみられない規模と方式で生じたことに注目されてきている（藤本，1988；鈴木，2009a, b；高瀬，2014）．

本章では，資源・土地利用の観点から縄文文化と続縄文文化の関係を整理することで続縄文文化の性格をうきぼりにし，その理解をもとに弥生文化との関係を掘りさげてみたい．

5.2 縄文から続縄文への変化

(1) 資源利用

a. 魚類資源への依存度の高まり

遺跡の発掘調査では，土器や石器などの人工遺物に加えて，植物や動物の遺体も発見されることがある．貝塚や洞窟など有機質の遺物保存に適した環境を除くと，酸性土壌が卓越する日本列島ではその残存率は必ずしも高くない．だが，火を受けて炭化することで物質としての安定性が高まると，数千年以上の長きにわたり地中に保存されることが知られている．特に，炭化した植物の種子はほとんどの遺跡で焼土（焼けた炉の土）のなかに残存しており，しかも調理の際に火を受けたものであることから過去の食料事情を探るための格好の材料となる．

このような遺跡出土の炭化種子からみた北海道島の植物利用状況をまとめたものが，図5.1である．この図から，縄文文化と続縄文文化では，特に大きな違いはないことが読み取れる．オニグルミを中心とする堅果類が続縄文文化でも中心的に利用され，少量ながらヒエ属やアサといった有用植物もひきつづき出土する．したがって，縄文文化から続縄文文化にかけての植物利用は，非常に連続性が高いと判断できる．図5.1から，北海道島での植物利用の画期は，続縄文文化の次

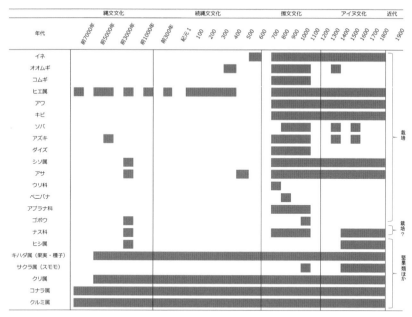

図 5.1 北海道島出土の植物（吉崎，2003 をもとに作成）

の擦文文化の初期に相当する後7〜後8世紀くらいにあることが明白である．

いっぽう，動物の骨を点検すると，特に魚類に関して，縄文と続縄文のあいだに大きな変化が認められる（高瀬，2014）．第1の変化は，魚骨の出土量の急増である．たとえば，道央部（石狩低地帯）では，縄文文化において出土動物骨のほとんどをエゾシカが占める遺跡が多いが，続縄文文化ではエゾシカを凌駕するサケ科の骨が出土する遺跡が多くなる．骨を個数で集計しても，重量で集計しても結果は変わらない．同じ1個の骨でも，エゾシカの骨はサケ科魚類の骨より，何百倍も，何千倍も重い．にもかかわらず，エゾシカを上回る重量のサケ科の骨が出土するということは，サケ科の捕獲量が続縄文文化で飛躍的に増加したことを意味している．しかも，魚類への依存度の高まりは，続縄文文化期の道央部だけでなく北海道島全域で確認されるのである．

縄文文化において，サケ・マス類がどれだけ重要な食料であったのかは，古くから議論されてきた問題である（山内，1964；松井，1985 など）．日本列島東部の縄文文化が，数・規模・遺物量などで西部を圧倒しているのはサケ・マス資源に支えられたからであるとする意見がいっぽうである．しかし，沿岸部の貝塚か

ら実際に出土する魚類のなかでは，サケ・マス類は必ずしも多くはない．その骨が分解されやすいことや調理・摂取方法によっては骨が残らなかった可能性もあるが，北海道島の縄文遺跡からはより脆弱なニシン科（イワシやニシンなど）の骨が多く検出されている．したがって，骨の出土量は，やはり当時の魚類の利用傾向をごく大まかには反映しているとみることができる．これが筆者の立場である．

このように考えると，縄文文化期においてはサケ科魚類の利用は，それほど活発ではなかったと思われる．北海道島では，サケ・マス類を捕獲したと思われる施設や，その骨が多く出土する縄文文化の遺跡はたしかに確認されている．しかし，そうした遺跡は必ずしも一般的ではなく，地域・時期が限定される．サケ・マス資源の積極的な利用は縄文文化全般にあてはまるわけではなく，ましてや東日本全体における遺跡数の多さや遺跡規模の大きさを説明する根拠とはなりえないと考えられる．

b．偏った漁撈活動

続縄文に話をもどそう．続縄文文化にみられる魚類利用の第2の特徴として，偏った内容の漁撈活動があげられる．縄文文化では，ニシン科，アイナメ科，フサカサゴ科，さまざまなカレイの仲間（カレイ目）の骨が目立ち，比較的バランスのとれた網羅的な漁撈活動が展開されていたことが推測できる．ターゲットの範囲が相対的に広く，ある特定の種の漁獲量が減少しても，ただちに大きなダメージを受けるリスクは低かったと推察される．

しかし，続縄文文化になると，道央ではサケ科への依存度が高まる．また，道南ではヒラメが全体の2/3を占め（函館市恵山貝塚），道東の太平洋側ではメカジキが種を特定できる魚のなかで出土量が首位となる（釧路市幣舞）（図5.2）．しかも，道南のヒラメは体長60 cm～1 mという最大級の個体が全体の7割以上を占めており，大型の個体が選択されて遺跡内に持ち込まれていたことが判明している（高瀬，2014）．

大型のヒラメは，魚形石器と呼ばれる特殊な道具を使って捕獲されていたと考えられる（図5.3右）．この道具は，大きな釣針の軸部，錘，疑似餌の役割をあわせもった漁具であるが，道南・道央の続縄文文化前半だけで発達し，その後は消滅するものである．なぜ，この時期・地域だけにこうした道具がみられるのかはまったく不明であったが，大型のヒラメに大きく依存した当時の漁撈活動を考慮にいれると納得のいく説明ができるようになる．

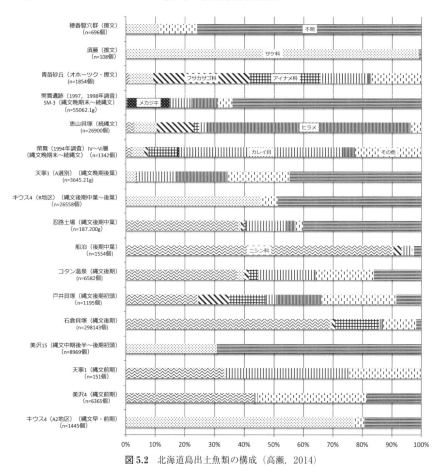

図 5.2 北海道島出土魚類の構成（高瀬，2014）

このほか，道南部では銛先の大型化や，機能とはまったく関係のない漁猟具の装飾も発達する（図 5.3 左）．どれだけ優麗な道具を保持し，それを使ってどれだけ大きなヒラメ（あるいは海獣）を捕ることができるかが，当時の社会のなかで人物を評価するための重要な指標になっていたのであろう．漁撈・狩猟活動が，おもに男性の威信・名声の獲得と強く結びついた社会が形成されていたことがうかがえる．ここまで極端ではないが，メカジキが最重要の獲物であった道東部においても，ある意味で偏った漁撈活動に重きをおく社会が同じように形成されていたと考えられる．

このように，続縄文文化の前半期には，地域ごとに特徴的な魚類利用がみられ

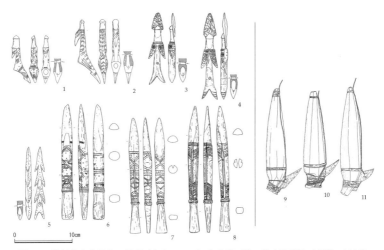

図 5.3 続縄文文化前半の銛頭（大島，2003）と魚形石器の推定使用法（高瀬，1996）

るようになる．そのどれもが，縄文文化では基本的にみられないものであるため，魚類に依存した経済と特定の種や大きさに偏った漁撈活動が，縄文文化との最も大きな違いであると考えることができる．

続縄文文化の後半になると，北海道島の広い範囲でサケ科が重要な資源となる．この資源利用のルーツは続縄文前半期の道央部に求めることができ，やはり縄文文化期の北海道島ではみられなかったものである．以後，擦文文化期やアイヌ文化期においてもサケ科魚類は非常に重要な食料・交易物資でありつづけていくが，こうした経済の基礎は縄文文化ではなく続縄文文化のなかで確立していったのである．

(2) 土地利用

縄文と続縄文のあいだで，土地利用にも変化がみられることが知られている．オホーツク海沿岸の続縄文文化では，縄文文化の遺跡が数多く営まれた段丘・台地上ではなく，砂丘上に大規模な遺跡が安定的に存続するようになり，これは河川や内湾での漁撈の重要性の高まりと関係していると推定されている（藤本，1988：59-61）．道東の太平洋側では，海に面した場所に続縄文文化の遺跡が形成されるようになり，これは外洋を生活の舞台とする集団が現れてきたことのあらわれと考えられている（藤本，1988：60）．この傾向は，魚のなかでメカジキが最

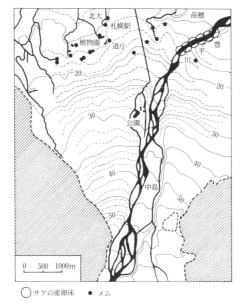

図 5.4 札幌の地形，湧水点（メム），および現在のサケ産卵床
（森，1951；小野，五十嵐，1991 を改変して作成）

も多い事実とも符合する．

そして道央部でも，それまでほとんど利用されていなかった低地が積極的に利用されはじめる（石井，2005）．頻繁に洪水に見舞われることがわかっているこの場所にあえて人々が進出し，集落をかまえた理由は，やはりサケ科魚類の捕獲を想定しないと説明がつかない．サケ科の産卵床と遺跡の集中域がかさなる事実からも，この推定が補強される．札幌では，続縄文文化とそれに続く擦文・アイヌ文化の遺跡は，アイヌ語でメムと呼ばれる湧水点の周辺やそこから流れる小河川沿いに数多く形成されている．現在，サケの産卵床は扇状地の末端（扇端）付近につくられているが，メムもまた扇端に集中している（図 5.4）．つまり，遺跡の集中域は，かつてのサケの産卵床であった可能性がきわめて高いのである．石狩川中・上流域では，少なくとも擦文文化期でサケの産卵床に近い場所に遺跡が集中することが指摘されているが（瀬川，2010），筆者はこの地域でも続縄文文化期に低地への進出が生じていた可能性があると推測している．

続縄文文化の後半期には，竪穴住居跡がまったくなくなることから，居住施設は簡便なテントになると推定されてきた（石井，1998）．また，前半期の北海道島

内でみられた物質文化の強い地域性が解消されて均質化することや，本州島東北部にまで物質文化の分布が及ぶことから，定着性が低く，広域を移動する生活スタイルが採用されるようになったとも推定されている（石井，1997）．

　この時期，遺跡内における遺物の分布パターンを検討すると，焼土（焚き火の跡）に重なるように分布するものと，それを避けるように分布するものの2種があることから，筆者は焼土の周辺に何らかの遮蔽物があったと推定している（高瀬，2014）．これまで，大量に確認されてきたこの時期の焚き火跡はすべて屋外炉と考えられてきているが，実はそのなかにテント内で使われた炉も含まれている可能性が浮上してきている．確実な竪穴住居はみつかっていないが，「集落」といえる遺跡はすでに発掘されていたと考えられるのである．だとすれば，道央部で大量の土器が出土する遺跡があることも，容易に理解できることになる．

　竪穴住居の利用をやめ，より簡単な居住施設が一般化した理由として，やはり同じ場所に長期間とどまるのではなく，比較的短期間で別の場所に移動する生活様式が採用されたことが想定できる．秋，産卵床付近に多くの人々が集まり，サケ科の魚を捕獲し，加工する．それ以外の時期には季節移動でエゾシカが集まる太平洋側や水産資源を利用できる沿岸部などに分散し，一部の集団はサケ科や動物皮など北海道島産の動物資源を運搬して本州島東北部へ物資交換にでかけていたのであろう．こうした交易のシステムが機能することで北海道島内にも安定的に鉄器が供給され，将来にわたって石器を主要な利器として利用する必要性がないとの確信が持たれたからこそ，この時期に石器が急速に衰退していくこととなった．なお，文献史学からは，この時期に歴史上の画期をみいだそうとする意見も提起されている（蓑島，2014）．

　このように考えると，縄文文化と続縄文文化の違いは，単に魚類の利用量や利用方式にあるのではなく，それと連動した土地の利用方法，集団の編成方法，経済に占める交易の重要性，利器の外部依存など，社会の広い方面に及んでいたと考えることができる．続縄文文化を縄文文化の一部とみるか，縄文文化とは異なる考古学的文化とみるかはなおしばらく論争が続くと思われるが，筆者は北海道島の住民の歴史のなかで擦文・アイヌ文化につながる資源利用の基盤が続縄文文化において確立したことを重視し，縄文文化とは異なる歴史的意義を有する考古学的文化として続縄文文化を位置づけるべきと考えている．

　以下，このような立場から，続縄文文化と弥生文化の関係について考えてみたい．

5.3 弥生文化との関係

(1) 続縄文文化前半の物資交換

　北海道島の内部で縄文文化から変革をとげた続縄文文化は，閉じられた世界を構築していたわけではない．特に本州島東北部の人々との積極的な交流を通じて，必要とされる物資が入手されていたのである．

　紀元前4世紀なかばから紀元前3世紀にかけて，庄内・秋田・八郎湖周辺・津軽・仙台平野などでは積極的に水稲耕作が取り入れられていった．縄文文化の終末期まで，人々は多様な地形面に散在する小規模な集落に住んでいたが，稲作が本格化すると水田造営に適した低地に集住しはじめることが判明している（高瀬, 2004, 2006, 2009, 2012a）．いっぽう，山地や海岸段丘が卓越するため水田造営に適さない地域，たとえば下北半島や津軽半島などにも住み続ける集団もいたが，そこでは稲作はおろか畠作の明確な痕跡すらいっさい見つかっていない（高瀬編, 2012）．下北半島では土器製作時の粘土にイネの種子が混入し，その跡が残存した籾圧痕土器が少数ながら存在することが知られている．しかし，こうした事例は平野部から運ばれてきたイネがそこで食されることがあったことを示唆するにとどまるのであり，遺跡の立地や出土動物・植物遺体からみてイネが栽培されていたとは考えにくい．この地域で最も重要な経済は，やはり海産物の狩猟・採集と堅果類の利用であったと推定される．

　筆者は，稲作を積極的に行なう平野部をA地域，狩猟採集経済の重要性が高いそれ以外の地域をB地域と呼び，両者の複合体が弥生文化期の地域社会の実態であると考えている（高瀬, 2012b）．このうち，続縄文文化の人々との交流の窓口となっていたのは，青森県域ではB地域の人々であった可能性が高い．下北・津軽半島は北海道島に近いこともあり，そこから運搬されてきた動物の皮やサケ科魚類，石器の原材料となる黒曜石，石斧の素材である緑泥石片岩などを，まっさきに受け入れていたに違いない．これらの物資はB地域からA地域へ運ばれるとともに，管玉・貝輪をはじめとする弥生文化特有の物資がB地域から北海道島に持ち込まれた．続縄文文化前半の人々は，弥生文化圏から非実用品を好んで輸入していたことが，墓から出土する装身具や副葬品から知ることができる．北海道島で出土する管玉の8割以上が道央部に集中していることから，道南よりも道央部の人々が管玉を好んで輸入していたとみられる．

こうした交換の対価が北海道島内の動物質資源であり，特にサケ科は重要な交換物資であったと思われる．北海道島の住人は，サケ科魚類を重要な食料として位置づけただけでなく，その「商品化」にこの時期はじめて成功したのであろう．擦文文化期～近世並行期の鉄器，漆器，酒，タバコ，木綿製品などの入手方法をみても，北海道島の岩石・鉱物資源ではなく動物質資源を用いた交換は，その後の経済の原型としての意義を有しているといっても過言ではないだろう．

(2) 交流のルート

弥生文化圏内から前半期の続縄文文化圏内への物資の移動には，太平洋側よりも日本海側の集団のほうが深く関わっていた公算が高い．古くから知られているように，管玉は弥生文化圏内でも日本海側で数多く生産される装身具であり，青森県域では津軽半島の宇鉄II遺跡で多量に出土している．先述のとおり，北海道島では道央部で管玉が最も多く消費されているため，道央部の集団は噴火湾を経由した太平洋側のルートとともに，石狩川の河口域から渡島半島の日本海側を交流のルートとして利用していた可能性もある．石狩低地帯の北部で墓に供献される土器は，青森県域のB地域，特に津軽半島との関連性が強いこともこの推定を支持している．

いっぽう，道南部で重宝されていた弥生文化系の装身具は，管玉ではなく貝輪であった．北海道伊達市有珠モシリで出土しているイモガイ製の貝輪は，貝殻の側面を四角く切断し，隅にあけた孔で連結するタイプの貝輪で（図5.5の1～7），弥生文化圏内では長崎県佐世保市宮ノ本に類例があるのみである．したがって，その流入ルートに関する手がかりはまったくなかったが，近年，青森県田舎館村の垂柳遺跡で石製の模造品が多数あることが確認された（図5.5の8～10）．白色の凝灰岩が素材として選択されており，表裏にわたって貝製品が忠実に模倣されている．津軽平野を形成した岩木川水系も日本海にそそいでいることから，やはり日本海側が広域な物資流通にとって重要な役割を果たしていたことの傍証になると思われる．

B地域における物資交換の中継地の有力な候補も，日本海側に認められる．津軽半島の中泊町坊主沢遺跡は，日本海に面した丘陵上（標高10～11m）にあり，地形は水田造営に向いていない（葛西ほか，2003）．調査面積が小さく集落の本体はみつかっていないが，弥生文化前・中期の遺物が豊富に出土している．土器は，在地のB地域系統のものに加えて（図5.6の1～4），通常はB地域であまりみか

図 5.5 イモガイ製貝輪とその模倣品
上段:北海道伊達市有珠モシリ(大島,2003),下段:青森県田舎館村垂柳(田舎館村教育委員会,2009).

けることのない A 地域(津軽平野)の土器や管玉も多数出土している(図 5.6 の 5〜8, 13).さらに,道南の続縄文文化の土器と関係することが明白な動物の形状をした鉢の把手(図 5.6 の 9)や,黒曜石製の石鏃・岩偶(がんぐう)(図 5.6 の 12),および緑泥石片岩製の石斧も出土しており(図 5.6 の 10, 11),続縄文文化から多くの物資が流入していることも確実視できる.このように,稲作は行なっていないけれども,さまざまな地域の道具が確認できる遺跡が日本海側に実在しており,こうした遺跡が当時の物質交換・流通において大きな役割を果たしていたと考えられる.

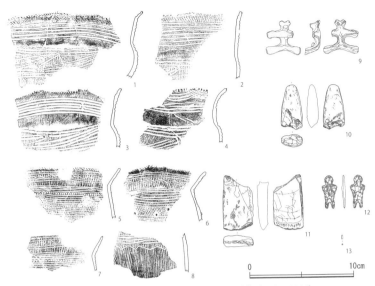

図 5.6 青森県中泊町坊主沢遺跡出土遺物（葛西ほか，2003）

(3) 続縄文文化後半の物資交換

　一部，古墳文化期並行に入ってしまうが，続縄文文化の後半においても，本州島東北部とのさかんな物資交換が継続していた．ただし，本州島における続縄文土器の分布は，主要な交流ルートが日本海側から太平洋側へと変化したことを示唆している（図5.7）．特に，馬淵川流域や北上川流域における交流の重要性が高かったものと推定される．

　この時期，本州島から主にもたらされる物品は非実用品ではなく，最も重要な利器である鉄器となった．鉄器は腐食がすすむため遺跡に残存しにくいが，道央部で最も多くの資料が出土している．実は，この時期における物質文化の変化の方向性も道央部がイニシアチブを握っており（鈴木，2009a），サケ科に基盤をおいた経済や竪穴住居を使わない生活もこの地域で発明されたことが道央部の優位性に関係していると思われる．この時期においてもサケ科魚類が重要な交換財になっていたことはきわめて蓋然性が高く，捕獲できる季節が限られているこの資源を効率的に入手・加工し，確実に鉄器と交換するために確立されたのが定着性の低い生活スタイルなのであろう．

　続縄文文化も終末期になると，威信材的な性格が強い鉄剣も保有されるようになることが，墓の出土遺物から知られている．後5～後7世紀にかけて，続縄文

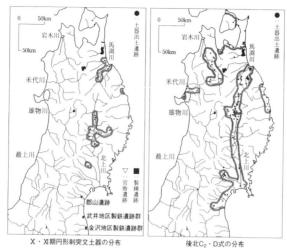

図 5.7 本州島東北部における続縄文土器の分布（木村，鈴木，2011）
右：続縄文文化後半期の前半．左：続縄文文化後半期の後半．

文化の人々は実用品としての鉄器を確保したうえで，さらに威信財としての鉄製品も入手できるほど，交換のシステムがうまく作動していたことがうかがえる．

こののち，北海道島では擦文文化が成立する．ここでは，古代の本州島と同じように平面形が隅丸方形で，その一片にカマドが伴う竪穴住居跡が用いられるようになる．特有の文様は付されるものの，土器の器形はカマドへの設置を第一義とする本州島の土師器との共通性が非常に高い．石器はこの段階でほぼ完全に消滅し，道央部には青森県域の「末期古墳」と類似する「北海道式古墳」が一時期ではあるが分布するようになる．図 5.1 でみたように，栽培植物の種類と量は擦文文化で爆発的に増加する．明らかに本州島東北部からの強い文化的インパクトのもとに形成された考古学的文化であるが，本州島からの集団移住の有無を含めて成立の経緯には不明な部分がまだ多く残されている．

しかし，物質文化の変遷や物資の量からみて，初期の擦文文化においてはやはり道央部が重要な役割を果たしていることは確実で，続縄文文化における道央部の優位性がこれとまったく無関係であるとも考えにくい．続縄文文化内部の社会構造は，擦文文化の成立にも何らかの形で関わっている蓋然性がたかい．

(4) 弥生文化から続縄文文化へ

弥生文化の中期中頃，おおよそ紀元前 2 世紀頃に，本州島東北部の弥生文化は

大きな自然災害にみまわれる．仙台平野では，当時の海岸線から約 4 km の範囲が大きな地震に伴う津波の被害を被っている．泥質堆積物の分布域から推定すると，津波の規模は東日本大震災のそれとほぼ同じと考えられている（斎野，2015）．また，考古学的な時間スケールではほぼ同時に，津軽平野でも大規模な洪水によって当時の水田・集落が完全に埋まってしまっている．両地域の自然災害に関係があるのか否かはまだ判明していないが，弥生中期中葉は本州島東北部の弥生文化がきわめて大きな困難に直面した時期であったことは確実である．

それでも仙台平野では，津波の被害をまぬがれたやや内陸の遺跡を中心として稲作が行なわれつづけ，弥生文化中期後葉から後期へと考古学的文化が断絶することなく継続する．対照的に津軽平野では，被災直後から遺跡がまったくといってよいほどなくなってしまう．縄文文化期には小規模な集落がさまざまな地形面に分散していたため，たとえ同規模の洪水が起こったとしてもここまで大きな社会的ダメージを受けることはなかったはずである．しかし，集約的な稲作を行なうために低い扇状地面に多くの人口が集まった結果，ひとたび自然災害に遭うと立ち直れないほどの大打撃を受けることとなったのである．効率性を優先することで社会や文化の多様性が低下すると，思わぬかたちで人類が危機に立たされることを教訓として学ぶべきであろう．

ほとんど遺跡がない時期がしばらく続いた津軽平野に対して，かつての B 地域である津軽半島・下北半島では少ないながらも集落が継続的に営まれる．遺跡数が大幅に増えたり，規模が大きくなったりする傾向はみられないため，津軽平野から大量の人々がここに移住してきたとは考えにくい．だが，そこから逃れてきた一定数の人々がこの地域の集落に合流した可能性はあるであろう．そこでの物質文化は北海道島南部との共通性が高くなっており，A 地域の消滅によって A・B 両地域による複合的な地域社会も崩壊したとみなすことができる．もちろん経済は狩猟採集を基盤としているため，この段階の青森県域は弥生文化ではなく続縄文文化のなかに組み入れて評価されるべきである．農耕社会から狩猟採集社会への変化が，この時期，実際に生じたことになる．

弥生文化後期並行～古墳文化期の青森県域では，続縄文文化後半期の遺物が非常に多く確認できるようになり，その集団を埋葬したと考えられる墓も多数みつかっている．いっぽうで，同じ遺跡から弥生文化後期の土器や土師器，およびそれを使用した集団が居住した竪穴住居が検出されることも珍しくない．北海道島から続縄文集団が南下するとともに，弥生後期の人々や土師器を使う集団が北上

し，同じ地域や集落のなかで混住していたものと考えられる．弥生中期後葉において一時的に人口密度が低くなったことで，他地域からの人口流入が容易になったのであろう．続縄文集団のなかには，物資交換のために本州島東北部に一時的に滞在していた人々もいただろうが，無視できない数の墓があることを考えると，より長期にわたってそこに滞在していた人々も一定数いたと考えられる．こうした人々が，北海道島と本州島のあいだを移動する舟の準備や管理，本州滞在中の続縄文集団の移動・居住・物資運搬などさまざまな面でサポートを行なっていた可能性がある．

　続縄文文化と弥生文化後期・古墳文化という異文化を担う集団は，少なくとも200〜400年間は互いに接触しつつ同じ集落や地域のなかで暮らしていた．しかし，この間に折衷的な物質文化が生まれたり，独立したカテゴリーとして括ることができるような融合的な考古学的文化が生み出されたりすることはほとんどなかった．異系統の集団が互いにコミュニケーションをとりながらも，それぞれの文化を維持していたものと考えられる．筆者は，この状態を「雑居状態」と呼んでいる．この時期の社会の特性をとらえるためには，単純な文化の伝播・受容や，なしくずしの文化接触・融合とは区別すべき社会現象として認識することが，まずは大切であると考えているからである．

5.4　続縄文文化と北端の弥生文化の歴史的意義

(1) 社会の性格の違い

　ここまでみてきた日本列島北部の社会の性格を整理しよう．図 5.8 は続縄文文化前半期並行の，図 5.9 は続縄文文化後半期並行（一部，前半期終末期を含む）のおおまかな見取り図である．

　前半期並行の時期は，弥生文化に含まれる本州島東北部は大きく南部と北部に分けて整理することができる（図 5.8）．仙台平野に代表される南部では，日本列島西南部に近い木製農具とそれを製作するための木材加工具（太型蛤刃石斧や片刃石斧類），石製収穫具（穂摘具としての石庖丁，根刈具としての板状石器など）が導入されたうえで水稲耕作が実践される．この地域でも水田造営により適した低地での集住化がすすむことが確認されているため（高瀬, 2005），自分たちが住む場所を縄文文化期から大きく変化させ，また，すでに確立されていた道具の供給システムを大きく変えてまでして，効率がよく，生産性の高い稲作が目指され

5.4 続縄文文化と北端の弥生文化の歴史的意義

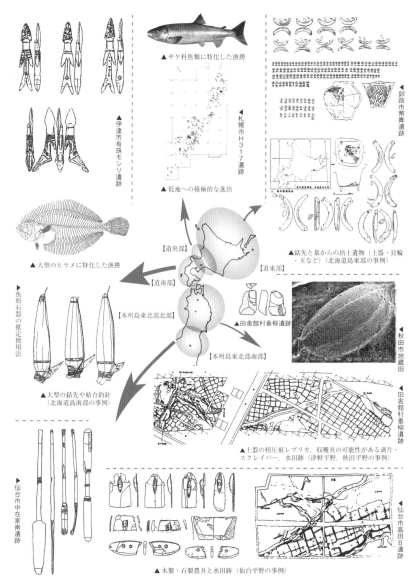

図 5.8 北端の弥生文化と続縄文文化(高瀬,2009 を改変)
図版出典:有珠モシリ(大島,2003),魚形石器(高瀬,1996),ヒラメ骨格(高瀬,2014),シロザケ(長澤,鳥澤編,1991),H317(仙庭編,1995),幣舞(石川編,1996,1999),地蔵田(高瀬,2010),垂柳(青森県教育委員会,1985;高瀬,2004),高田 B(高橋,古川ほか,1995),中在家南(工藤編,1996).

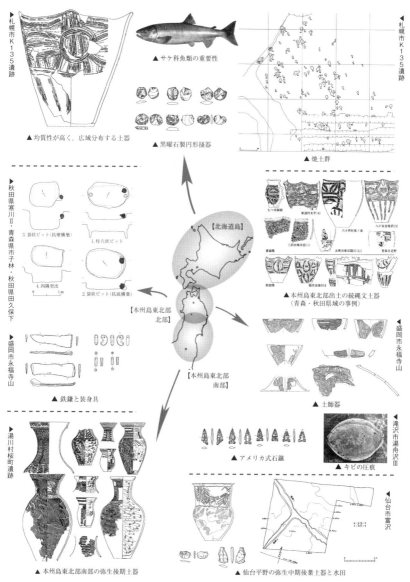

図 5.9 北端の弥生文化・古墳文化と続縄文文化

K135 遺跡・円形搔器（上野編, 1987），シロザケ（長澤，鳥澤編, 1991），土壙墓（木村，鈴木, 2011），本州島東北部の後北式（八木, 2015），永福寺山（津嶋ほか, 1997），キビ圧痕レプリカ写真（桐生編, 2016），桜町（青山, 2015），富沢（斎野編, 1987）．

た形跡がうかがえる．

　津軽平野を代表例とする北部でも，弥生前期〜中期前半にかけて稲作に大きく依存する生業へと変化した．しかし，石庖丁がないことに象徴されるように，道具立てにはあまり大きな変化はない．つまり，縄文文化の道具を可能なかぎりそのまま稲作にも転用する戦略がとられているのである．稲作を行なうにあたって，それに関わるハードやその生産体制をどこまで変えるのかについて，南部とはまったく異なる戦略がとられている．

　北海道島は，道南部，道央部，道東部に大きく分けられる．すでにみたように，漁撈の果たす役割が急速に高まり，道南部ではヒラメ，道央部ではサケ科，道東部太平洋側ではメカジキが最も重要な獲物となった．また，道南と道東では，漁撈活動が威信的な意味合いを持っていた．

　続縄文文化後半期は，北海道島内の地域性が解消され，均質化する（図5.9）．細かくみると地域性がまったくないわけではないが，前半期に比べるとその差は格段に小さくなる．サケ科魚類が重要な資源の一つで，移動性の高い生活が営まれるようになった．物資交換のために本州島にわたり，北海道島に鉄器を持ち帰る集団も一部に含まれていたと考えられる．

　本州島東北部南部では，弥生中期の津波によって大きな被害を被ったのちも，弥生文化中期後半〜後期や古墳文化が継続して展開する．この地域は前方後円墳の分布圏内でもあり，古墳造営を可能とした権力の醸成を支えた経済基盤は水稲耕作であったと推定される．

　北部では，弥生中期中頃の洪水災害により稲作が放棄されたのちは，人口密度がきわめて低い状態がしばらく続く．その後，南からやってきた弥生後期・古墳文化の集団と，北海道島から南下してきた続縄文文化の集団の「雑居状態」になったと考えられる．青森県域や岩手・秋田県域の北側でこうした状況がみられ，異文化を担う集団がきわめて近接した場所に混住しながらも，それぞれの文化が顕著な融合を示すことなく数百年間共存していた．ここに滞留していた続縄文文化の集団は，北海道島から交換のためにやってくる人々の支援を行なうことが役割の一つであったと考えられる．

　ここまで整理してきた続縄文文化や弥生・古墳文化の約1000年間は，経済的にも社会的にも激動の時代であったということができる．この間に構築された交換のシステム，すなわち北海道島からはサケ科や皮などの動物質資源が，本州島からは鉄器が行き交うあり方は，この地域のその後の歴史世界の性格を大きく規定

(2) 固定観念の相対化

進歩・発展史観のもとで，続縄文文化は「停滞的」あるいは「足踏み状態」と評されることもあった（大場，1959 など）．しかしいまは，私たちが縄文文化とはまた違う持続的な北海道島の利用方法を学ぶための「教材」として，積極的に評価されるべきと考える．また，確固たる根拠がないにもかかわらず私たちが縛られている固定観念を相対視し，差別や偏見のない社会を実現するためのヒントもそのなかに詰まっている．

たとえば，社会の階層化をうながす条件として，農耕の開始をその必須の要件とする考えはまだ根強く残っていると思われる．しかし，日本列島北部の先史文化ではこうした図式のあてはめはできないことがわかる．弥生文化前半期の本州島東北部では，確実に稲作が行なわれている．津軽平野でも，総面積が数〜20 ヘクタールに及ぶ水田遺跡が河川に沿っていくつも並んでいることや，稲作のために水田適地に多くの人が集まることを考えると，その規模は当時の人々の生活の基盤となりえるほど大きなものであったとみるほかない．だが，津軽平野では社会の階層化を示す物的証拠はほとんどないといってよい．稲作が洪水によって頓挫しなければ別の展開があったのかもしれないが，現時点では稲作は実践しながらも顕著な社会格差が生じていなかった事例の一つとみることができるであろう．

これに対して，北海道島の続縄文文化では，稲作をやっていないにもかかわらず，個人間の評価に大きな差が現れていることを墓に読み取ることができる．続縄文文化の墓は，縄文文化に比べると副葬品が非常に多い傾向があることが知られているが，そのなかにあっても特別に多量の副葬品を有し，内容も充実している墓がある．また，土葬のための単なる土坑墓ではなく，隅に小さな柱穴状の遺構を有し，上部構造を設けたか，木郭状の施設があった可能性が想定できる墓もある（図 5.8 右上）．死者を埋葬するために消費される財と労力の違いを社会格差とみることが許されるのであれば，本州島東北部の弥生文化よりも続縄文文化のほうでその格差は顕著である．したがって，農耕の有無は社会格差の拡大を促す要因の一つかもしれないが，それを引き起こす唯一の引き金ではない．

また，私たちは一度農耕社会が成立すると狩猟採集社会へ「逆戻り」することはないと思い込みがちであるが，この考えも成り立たない．弥生文化の多くの地

域では，洪水で埋まった水田は復旧され，同じ土地が水田として使われることが多い．しかし，津軽平野ではそれがあっさり放棄され，生き残った人々はかつてのB地域の集団と合流するなどして狩猟採集生活を営むようになった公算が高い．狩猟採集から農耕への変化は決して不可逆的なものではなく，法則として定式化できるものでもない．人類は，より柔軟に状況に対処する能力を持っているのである．北端の弥生文化はこのことを私たちに教えてくれている．

(3) 現代社会への提言

続縄文文化は，ある「失敗例」を具体的に提示してもいる．道南のヒラメ，道東のメカジキのように，特定の種や大きさに偏った資源利用は，長続きすることがなかった．それに対して，北海道島で持続可能性が高い資源利用方式は，サケ科魚類に依存したそれであることも明確に示されている．日本ではサケ・マス類の7～9割が北海道島に来遊する．豊富なサケ科魚類の重点的な利用は，明らかに「北海道島らしい」経済の一つに数えられる．東日本，特に北海道島ではこうした資源利用は縄文文化期から連綿と続いてきたと安易にイメージしがちであるが，現在の考古学的な知見からはさかのぼっても，2400年ほどにすぎない資源利用形態である．

ただし，ひとたびこうした資源利用が確立すれば，それは長期的に継続できるものであることが歴史的に証明されている．続縄文文化の人々だけでなく，地域差があるとはいえ擦文文化やアイヌの人々もまた同じようにサケ科魚類に大きく依存した経済を継続的に営んできたからである．しかも，この資源は食料としてだけでなく交換物資としても有用であり，裏を返せば本州島などにおいても過去2400年のあいだサケ科魚類の高い需要があったはずである．

このように考えると，サケ科魚類の利用法は，北海道島のみならず日本の食料供給にとっても一つの鍵になりえる問題である．実際，日本は多額の費用と労力をかけて，毎年15～20億尾の人工ふ化放流を実施している．この放流規模はアメリカ全土とほぼ同じで，ロシアやカナダのそれをはるかに凌駕している．しかしながら，国内のサケ科資源の在庫が余りがちであった2000年代においても，わざわざ化石燃料を消費して南北アメリカや北欧などから毎年25万トンほどのサケ科資源が輸入されつづけた．

いっぽう，日本で捕獲されたサケ科魚類の輸出も行なわれてはいるが，それは非可食部を除いた原料の輸出が中心であり，中国をはじめとする輸出先で最終加

工品となった製品を再び日本が輸入するという，なんとも無駄の多い資源利用が目立つのが実態である．このようなサケ科魚類の利用方式を採用している現代日本列島の住人は，ヒラメやメカジキに特化し，短命に終わった続縄文前半の生業形態を他人事として笑い飛ばすことはできないだろう．安易に輸出入にたよらずとも，国内需要の掘り起こしによって，より効率的かつ持続的な消費形態が確立できる余地はあると思われる．官民をあげた努力が必要であることはいうまでもないが，サケ・マス類の消費者である日本列島住民の意識と消費形態もあわせて変わらないと状況は好転しないだろう．

現在の北海道では，増えすぎたエゾシカによる農作物の食害も社会問題となっている．明治初期の大雪による絶滅の危機いらい手厚く保護されてきた結果，適正な個体数よりも少なくとも数十万頭が多く生息しているといわれている．自治体はジビエ料理の普及・定着ともに駆除にも力を入れているが，ハンターの数があまりに少なく，効果的な個体数管理ができていない．ここからは，やはり文化の多様性が非常に重要であることがわかる．メジャーな食肉だけでなくシカ肉を含むさまざまな肉を食する消費者の文化多様性と，それによって形作られる市場の文化多様性，必ずしも「なりわい」としてではなくとも，ホビーとして狩猟を実践する人が社会のなかに一定数存在するような文化多様性．こうした多様性があまりにも低くなっているがゆえに，私たちは直面している問題にうまく対処できていないことが自覚されるべきであろう．

文化多様性が高ければ高いほど，さまざまな社会的問題に迅速に対応できるようになる．しかも，生業・ホビーの多様性と食文化の多様性が相乗効果を生み，それが地域の経済にも貢献するように，より効果的に対処できるようになるのである．逆に，津軽平野の弥生文化の人々のように，稲作に比重をおきすぎると結果として文化的多様性の低下をまねき，自然災害への耐性が弱い社会が形作られてしまう．画一的な社会は一見すると効率がよくみえるかもしれないが，長期的にみるとさまざまな面で目にみえないリスクを抱え込んでいることが往々にしてある．こうした点も，続縄文文化や北端の弥生文化の担い手たちが，私たちに遺してくれた教訓として受け止められるべきである．

参考文献

青森県教育委員会（1985）垂柳遺跡発掘調査報告書．青森県教育委員会．

参 考 文 献

青山博樹（2015）古墳出現期の列島東北部．倭国の形成と東北（藤沢敦編），pp.78-103，吉川弘文館．
石井　淳（1997）北日本における後北C2-D式期の集団様相．物質文化，63号，pp.23-35．
石井　淳（1998）後北式期における生業の転換．考古学ジャーナル，439号，pp.15-20．
石井　淳（2005）札幌市内の遺跡分布からみた続縄文時代の土地利用方法―道央部に於ける続縄文時代の行動様式の復原にむけて―．海と考古学（海交史研究会考古学論集刊行会編），pp.141-166，六一書房．
石井　淳，出穂雅実，上野秀一（2004）K514遺跡．札幌市教育委員会．
石川　朗編（1996）釧路市幣舞遺跡調査報告書III．釧路市埋蔵文化財調査センター．
石川　朗編（1999）幣舞遺跡調査報告書IV．釧路市埋蔵文化財調査センター．
石川日出志（2010）農耕社会の成立（岩波新書），岩波書店．
石橋孝夫，清水雅男編（1984）紅葉山33号遺跡．石狩町教育委員会．
石橋孝夫，工藤義衛，西方麻由編（2005）石狩紅葉山49号遺跡．石狩市教育委員会．
田舎館村教育委員会（2009）史跡垂柳遺跡発掘調査報告書13．田舎館村教育委員会．
上野秀一編（1987）K135遺跡．札幌市教育委員会．
右代啓視（2011）海洋資源の利用と古環境―貝塚からみたエゾアワビの捕獲史から―．日本列島の三万五千年―人と自然の環境史（島と海と森の環境史4），pp.19-33，文一総合出版．
江別市教育委員会（1981）元江別遺跡群．江別市教育委員会．
大島直行（2003）図説有珠モシリ遺跡．伊達市教育委員会．
大場利夫（1959）北辺の先史文化．日本1（世界考古学大系1），pp.126-143，平凡社．
小野有五，五十嵐八枝子（1991）北海道の自然史―氷期の森を旅する―．北海道大学図書刊行会．
葛西　勵，相馬俊也，山口義伸，高橋　潤，児玉大成，齋藤　淳（2003）坊主沢遺跡発掘調査報告書．小泊町教育委員会．
木村　高，鈴木　信（2011）古墳時代並行期の北方文化．古墳時代（上），pp.710-758，青木書店．
桐生正一編（2016）弥生のムラ　湯舟沢．滝沢市教育委員会・滝沢市埋蔵文化財センター．
工藤哲司編（1996）中在家南遺跡他　仙台市荒井土地区画整理事業関連発掘調査報告書．仙台市教育委員会．
工藤雅樹（1989）城柵と蝦夷．ニュー・サイエンス社．
国立歴史民俗博物館（2014）弥生ってなに？！．国立歴史民俗博物館．
小杉　康（2011）列島北東部の考古学．はじめて学ぶ考古学．pp.263-282，有斐閣．
斎野裕彦（2015）農耕社会の変容．倭国の形成と東北（藤沢敦編），pp.46-77，吉川弘文館．
斎野裕彦編（1987）富沢　仙台市都市計画道路長町・折立線建設に伴なう富沢遺跡第15次発掘調査報告書．仙台市教育委員会．
設楽博己（2014）日本歴史　私の最新講義　縄文社会と弥生社会．敬文舎．
鈴木　信（1994）威信経済としてのメカジキ漁―階層化社会のモデルについての再検討―．考古学と信仰．pp.333-347，同志社大学．
鈴木　信（2009a）続縄文文化における物質文化転移の構造．国立歴史民俗博物館研究報告，第152集，pp.401-440．
鈴木　信（2009b）続縄文文化と弥生文化．弥生時代の考古学1　弥生文化の輪郭（設楽博己，藤尾慎一郎，松木武彦編），pp.129-147，同成社．

瀬川拓郎（2010）アイヌ・エコシステムの考古学．北海道出版企画センター．
仙庭伸久編（1995）H317遺跡．札幌市教育委員会．
高瀬克範（1996）恵山文化における魚形石器の機能・用途．物質文化．60号．pp.60-70.
高瀬克範（2004）本州島東北部の弥生社会誌．六一書房．
高瀬克範（2005）仙台平野とその周辺における占地特性．古代文化．57巻5号．pp.26-35.
高瀬克範（2006）北上川流域における縄文時代晩期～弥生時代の占地特性．ムラと地域の考古学（林謙作編），pp.133-146．同成社．
高瀬克範（2009）「変動期東北北部」の歴史世界．東北学．19号．pp.50-60.
高瀬克範（2010）レプリカ・セム法による先史時代の植物利用に関する基礎的研究―秋田県域出土土器を対象として―．貝塚．66号．pp.1-18.
高瀬克範（2012a）男鹿半島・八郎潟周辺における縄文時代晩期および弥生時代の占地特性．古代学研究所紀要．17号．pp.43-57.
高瀬克範（2012b）弥生時代における地域構成体論の構築．明治大学人文科学研究所紀要．70冊．pp.63-89.
高瀬克範（2014）続縄文文化の資源利用―隣接諸文化との比較にもとづく展望―．国立歴史民俗博物館研究報告．第185集．pp.15-61.
高瀬克範編（2012）江豚沢．江豚沢遺跡調査グループ．
高橋栄一．古川一明ほか（1995）高田B遺跡　第2・3次調査．宮城県教育委員会．
武末純一．森岡秀人．設楽博己（2011）列島の考古学　弥生時代．河出書房新社．
津嶋知弘．神原雄一郎．黒須靖之．武田良夫（1997）永福寺山遺跡―昭和40・41年発掘調査報告書―．盛岡市教育委員会．
長澤和也．鳥澤　雅編（1991）北のさかなたち．北日本海洋センター．
西本豊弘．三浦圭介．住田雅和．宮田佳樹（2007）「縄文ヒエ」の年代―吉崎昌一先生を偲んで―．動物考古学．24号．pp.85-88.
藤尾慎一郎（2011）〈新〉弥生時代―五〇〇年早かった水田稲作―．吉川弘文館．
藤尾慎一郎（2015）弥生時代の歴史（講談社現代新書）．講談社．
藤本　強（1988）もう二つの日本文化．東京大学出版会．
松井　章（1985）「サケ・マス論」の評価と今後の展望．考古学研究．31巻4号．pp.39-67.
蓑島栄紀（2014）古代北海道地域論．地域論（岩波講座日本歴史20），pp.9-34．岩波書店．
森寿美衛（1951）北海道新誌．日本書院．
森岡秀人．中園　聡．設楽博己（2005）稲作伝来（先史日本を復原する4）．岩波書店．
吉崎昌一（2003）先史時代の雑穀：ヒエとアズキの考古植物学．雑穀の自然史―その起源と文化を求めて―（山口裕文．河瀬眞琴編），pp.52-70．北海道大学出版会．
八木光則（2015）古墳時代併行期の北日本．倭国の形成と東北（藤沢敦編），pp.134-161．吉川弘文館．
山内清男（1939）日本遠古之文化　補註付・新版．先史考古学論文集．1冊．
山内清男（1964）日本原始美術1．講談社．

●コラム

弥生文化と貝塚後期文化

藤尾慎一郎

1　貝の道以前

　九州島の南に連なる長さ1200 kmにも及ぶ南西諸島（北から大隅諸島，トカラ列島，奄美諸島，沖縄諸島，宮古諸島，八重山諸島，大東諸島，尖閣諸島）のなかでも，奄美・沖縄諸島のサンゴ礁に生息する南海産の貝をめぐって，沖縄諸島と九州の弥生社会との間で繰り広げられた交流についてみてみよう．

　弥生時代の九州北部の甕棺から，南海産の貝で作られた腕輪をつけた状態で見つかる弥生人がいたことは有名だが，これは前4世紀（前期末）以降の話である．

　九州北部で水田稲作が始まる前10世紀後半頃，奄美・沖縄諸島に広がっていた文化を貝塚前期文化という．

　貝塚前期文化の人びとは堅果類の採集，リュウキュウイノシシの狩猟など，主に森林性食料に依存する生活を送っていた．もちろん海で魚を捕り貝を採集していたが，食料を獲得する以上のものではなかった．九州縄文文化の影響は，縄文前期や縄文後期などに，一時的にみられることはあった．佐賀県伊万里市の腰岳産の黒曜石をめぐる交易はその典型である．しかし基本的にこの地域が縄文文化の枠組み内に収まることはなかったようだ．

　貝塚前期文化が貝塚後期文化（弥生～平安時代併行）にいつごろ移行したのかという問題については諸説あるが，ここでは弥生早期～前期後半（前10～前5世紀）頃に移行するとみる木下尚子の説（木下，1996）をもとに考えることにする．

(1) 弥生文化との接触をものがたる証拠

　前9世紀後半（弥生早期後半）には九州西北部の弥生人（海人）との接触が始まっていたと考えられる証拠が，九州北部と沖縄本島の双方で見つかっている（図1）．佐賀県唐津市宇木汲田貝塚では，南海産の貝で作られた臼玉が前9～前8世紀に比定される包含層から出土している．径3 mm前後のドーナツ状で平べったい玉である．沖縄本島では，本部町貝志堅貝塚で夜臼Ⅱ式に比定される丹塗磨研壺が，読谷村大久保原遺跡では同時期の突帯文甕が出土している．これらの土器は，九州西北部に分布の中心を持ち，薩摩半島西海岸まで分布するものとよく似

コラム 弥生文化と貝塚後期文化

図1　沖縄諸島における弥生系土器の主な分布
白抜き○は「弥生系土器」もしくは南海産貝輪関連遺跡.

ている．

　前8世紀（前期）になると，薩摩半島西部との関係をうかがえる突帯文甕が出土しはじめる．浦添市嘉門貝塚，うるま市宇堅貝塚では高橋Ⅰ式，名護市屋我地貝塚，宇検貝塚，大久保原貝塚では高橋Ⅱ式など，薩摩半島西部の突帯文系甕が出土している（図2）．

　このように，沖縄本島では弥生早期後半から前期後半に比定される弥生土器が出土すること，弥生早期の甕は五島列島や九州西北部，前期の甕は有明海沿岸や薩摩半島西部との関係がうかがえることがわかっている．ただ製作技法からみると故地から持ち込まれたものではないらしい．たとえば九州系の甕は平底なので丸底や尖底の地元の甕とも異なっているため，九州島以外の地で模倣された可能性が高い．

　またこれらの九州系土器は，沖縄本島西海岸と西方海上に浮かぶ島々に集中して出土しており，弥生併行期を通じて九州系土器が見つかる遺跡がわずか4例にすぎない沖縄本島東海岸とは際だった違いを見せる．黒潮の流路と無関係ではないだろう．

　以上のことから，まず貝塚後期文化の人びとと交流を始めたのは，主に弥生早期は九州西北部，前期以降に有明海沿岸，薩摩半島西部の人びとが加わったと考えられる．では，この交流の背景には何があるのだろうか．

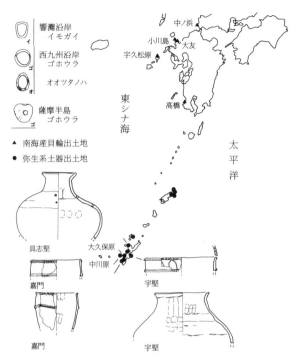

図2 奄美・沖縄諸島における弥生早・前期系土器の分布（藤尾，2001）

(2) 背景にあるもの

木下は前6世紀（前期後半）以前にもサンゴ礁域の貝をめぐる交易が行なわれていたと考えている．弥生早期～前期後半の五島，玄界灘，響灘沿岸に分布する朝鮮半島特有の特徴を持つ墓から，木下が海人用南海産貝輪と呼んでいる円形厚手の腕輪が出土するからである．これらは朝鮮半島の腕輪を模倣したものといわれている．

したがって，まず琉球列島のサンゴ礁域に生息する巻貝は朝鮮海峡・対馬海峡と玄界灘，響灘とを往来する海人に受け入れられたと考えられる．海人たちは平野の弥生人とも接触していたので，その後，南海産の貝輪も平野の弥生農耕民の知るところとなったのであろうと，木下は推定する．

前4世紀以降に本格化する貝交易は，こうした前代の交流ネットワークを母体に，継承・確立していったのである．

2 貝の道の成立―南海産貝交易の開始―

(1) 南海産貝交易の実態

前4世紀前葉（前期末）になると，イモガイやゴホウラを材料に作った腕輪（南海産貝輪）が九州北部の甕棺墓に埋葬された人に着装された状態で見つかるようになる（図3）．イモガイは，黒潮や対馬暖流などの影響が強い地域にみられる巻貝で，大きいものでは23 cmに達するものもあるという．殻の形がサトイモの芽に似ているところに名の由来があるが，食用ではない．刺されると死にいたる猛毒を有する危険な生物であるが，貝殻の色や模様が美しいことから人びとに重宝がられていた．一方，ゴホウラは，奄美大島以南の水深10 mぐらいの珊瑚礁に生息する長さが18 cmぐらいの巻貝である．

貝塚後期人は，九州北部の弥生人にとって需要の高い腕輪の素材である大型巻貝と，コメや鉄など自分たちに必要な物資を交換していたことがわかっている．彼らは九州北部の弥生人が何を求めているのかを的確に見極め，多くの貝を効率よく集めるための仕組みを整えて，必要な物資を手に入れるという戦略をあみだしていたのである（新里，2009）．

図4は，九州北部に搬出されたゴホウラやイモガイが大量に見つかった伊江島の具志原貝塚や浦添市の嘉門貝塚B遺跡である．交易の船が訪れるときまで，こうして砂のなかに埋めてストックしていたと考えられている．貝集積遺構と呼ばれているものだが（木下，1996），沖縄諸島だけで確認され，とくに浦添市嘉門貝塚B遺跡，具志原貝塚，平敷屋トウバル遺跡が有名である．

南海産貝輪には，先述した海人の貝輪と農耕民の貝輪の2種類がある．前者は九州北部の海岸部や島嶼部に住む半農半漁の人びとの貝輪であるのに対し，後者は広い平野部で水田稲作を中心とした生活をしている人びとの貝輪である．

農耕民の需要が高まったゴホウラやイモガイを実際に運んだのは海人である．貝と交換するための弥生の文物を舟に積んで，九州から沖縄諸島に南下する．「弥生人に貝を届ける定期航路「貝の道」はこのように始まったのである．」（木下 1999：109）．

海人たちが太平洋に乗り出す前に立ち寄ったと考えられているのが，鹿児島県南さつま市高橋貝塚である．九州北部系の弥生土器，沖縄系の深鉢，ゴホウラやオオツタノハまで，貝輪を作るときに出る破片や，加工途中の失敗作など数多く出土している．

木下は高橋貝塚を貝交易の中継地と考えている．すなわち南から持ち帰った貝

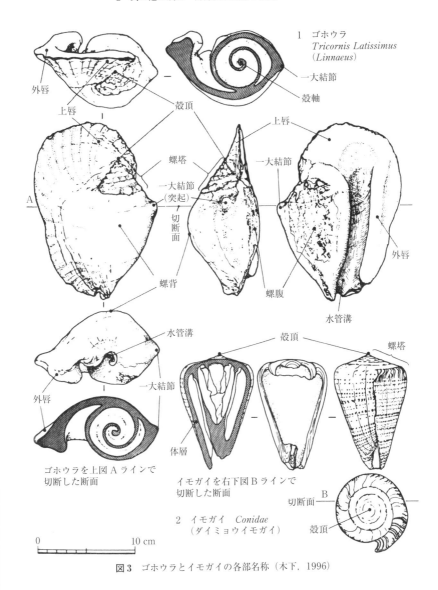

図3 ゴホウラとイモガイの各部名称（木下, 1996）

類は，ここで粗加工され，消費地別に仕分けされて運ばれていったと考えている（図5）.

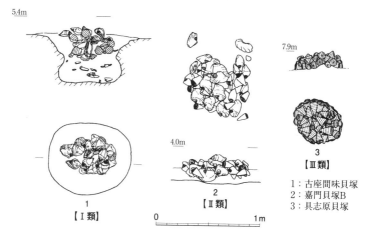

図4 貝集積遺構（新里，2009）

1：古座間味貝塚
2：嘉門貝塚B
3：具志原貝塚

表1 沖縄諸島における外来品（新里，2009）

遺跡名		青銅器	鉄器	玉類	石器
伊江島具志原貝塚			鉄鉱石4	ガラス玉1	
沖縄本島	中川原	銅剣茎1，鏃1	袋状鉄斧1，ヤリガンナ1	ガラス玉1	柱状片刃石斧
	浜屋原貝塚B	三翼鏃1			
	木綿原			ヒスイ丸玉1	
	宇堅貝塚	三翼鏃1，方格規矩鏡1	板状鉄斧1	ガラス玉4	
	宇地泊兼久原第一			管玉1	
	大度貝塚		不明1	ガラス玉2	
久米島	大原第2貝塚				柱状方刃石斧
	清水貝塚		不明2		
	ウルル貝塚		鉄釘1		
	北原貝塚	不明1			

2 貝の道の成立―南海産貝交易の開始―

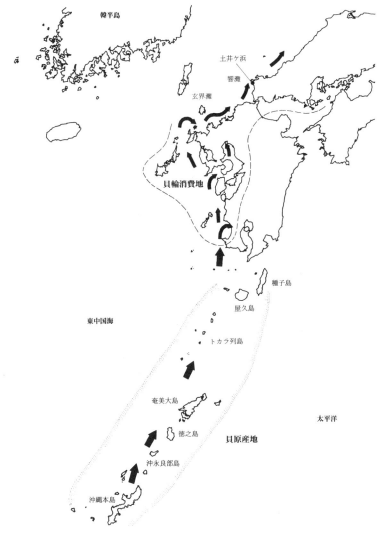

図5 弥生時代の貝の道（木下，1996）
矢印は南海産貝輪の運搬ルート．

(2) 入手した文物

　海人が運び，貝塚後期人が手にしていた大陸や九州の文物には，コメや鉄のほか，絹，アワ，キビなどの必需品や，中国の鏡，青銅の矢尻（鏃），中国の古銭，

図6 鹿児島県下小路遺跡出土甕棺（木下，1996）

ガラスなどがある（表1）．

彼らはこれを墓に副葬品として入れるのではなく，共有のものとして広く利用したのである．

(3) 交易の担い手たちの交代

前2世紀（弥生中期後半）になると，沖縄本島で見つかる弥生土器が大隅地域に特徴的な山ノ口式や九州中部の免田式などに替わることから，九州側の交易従事者である海人が交代したことがうかがえる．木下によると，貝の入手が有明海や不知火海経由に変わったこと，貝の運搬が海人による長距離輸送から，島伝いのリレー式に変わったことが背景にあるようだ．

また前2世紀に比定される薩摩半島にある南さつま市下小路遺跡からは，九州北部有明海沿岸に特有な甕棺が見つかっている（図6）．これらのことから，下小路遺跡は交易に何らかの役割を担っていた弥生人の墓で，その人は有明海沿岸からこの地に派遣されていた弥生人の墓ではないかと考えられている．

3 続縄文文化と貝塚後期文化

水田稲作を受け入れず，その地特有の水産資源を元手に東北北部や九州北部の弥生人から必要なものを手に入れていたという共通項を持つ北と南の人びとだ

が，異なる点もいくつかあるので指摘しておこう．

(1) 副葬制の有無

続縄文人は墓に玉などの副葬品を入れるが，貝塚後期人は墓に副葬品を入れないというか，副葬制自体がない．この原因を漁の仕方の違いに求める考え方がある．個人の技術や勇敢さなどが漁に大きく影響する続縄文文化では，個人への賞賛や崇拝が生じやすいことから副葬制が認められる．一方，イノーを舞台とし網漁が主体の貝塚後期文化では，個人の力量よりも共同性が重視されるため，個人への賞賛や崇拝が生まれにくいことから副葬制が認められない，という考え方である（林，1993）．

貝交易をスムーズに進める統括者の存在は想定できるが，特定個人への集中化は弥生時代併行期の間は進まなかったといえる．

(2) 交易対象者としての水田稲作民の違い

続縄文人も貝塚後期人も交流の相手は水田稲作を行なう人びとであるが，東北北部と九州の水田稲作民は大きく異なっている．

高瀬論考からもわかるように，東北北部の水田稲作民と続縄文人との交流を仲介していたのは，東北北部の非農耕民であった．一方，九州北部の弥生人と貝塚後期文化の人びととの交流を仲介していたのは，九州西部の海人や薩摩や大隅の水田稲作民である．

東北北部の水田稲作民は，水田稲作以外に大陸系の弥生文化的特徴をまったく持っていないのに対し，九州南部の水田稲作民は，畑作の比率が高いとはいっても，環壕集落的な様相を持つむらや，青銅器が単発で出土するなど，大陸系弥生文化の周辺地域的な様相をみせる．

また北の交流は続縄文系の土器が本州の弥生文化の地域に分布するのに対し，南の交流は貝塚後期系の土器が九州南部を除く九州本島にほとんど分布しないなどの違いがみられる．

参考文献

木下尚子（1996）南島貝文化の研究―貝の道の考古学―．法政大学出版局．
木下尚子（1999）貝の道の人々．新弥生紀行―北の森から南の海へ―，pp.109-110，国立歴史民俗博物館1999年度企画展図録．
新里貴之（2009）貝塚時代後期文化と弥生文化．弥生時代の考古学1，pp.148-164，同成

社.

林　謙作（1993）クニのない世界, みちのくの遠賀川, pp.66-76, 大阪府立弥生文化博物館.

藤尾慎一郎（1999）貝の道以前—弥生早・前期の琉球と九州の交流—. 日本人と日本文化—その起源をさぐる—, No.9, p.9.

藤尾慎一郎（2001）弥生文化成立期の西日本・韓国の土器. 考古学資料集 19, 国立歴史民俗博物館.

第6章 弥生時代から古墳時代へ
―時代を越えた鏡の視点―

上野 祥史

弥生時代から古墳時代へとどのように変化するのか．弥生時代には，権威・権力を想像させる前方後円墳のような雄大な墳墓は存在しない．古墳時代は集団から区分される権威・権力を持つ首長が確立した時代であり，権威の確立するプロセスを問うことが時代の画期を問うことになる．社会形態が変化する時代の画期は，断絶という視点で語られることが多い．鏡は，弥生時代から古墳時代へ継続した器物の一つである．ここでは，時代を越えて存続する鏡を対象として，弥生時代から古墳時代への転換を眺めてみることにしたい．

6.1 弥生時代と古墳時代

簡潔にいえば，弥生時代は灌漑水田農耕を生業の基本とした時代であり，古墳時代は前方後円墳が象徴する墳墓儀礼を共有した時代である．着目する文化・社会的側面が異なり，時代を切りだす視点は異なっている．二つの時代の生業形態や住居形態，生活様式には共通する部分も多く，連続した面もみえている．

さて，前方後円墳が象徴する大型墳墓の登場は，二つの意義を持っている．一つは，首長と表現する地域社会の主導者を可視化していることである．他の墓と区分される大型の墳墓は，地域社会において集団成員とは区分される「特定個人」の墓である．人類学的な知見を踏まえてエリート層とも呼ぶ首長の登場は，時代の画期を示すものとして古くから注目されてきた．いま一つは，前方後円墳という価値を日本列島で共有したことである．前方後円墳の形状だけでなく，埋葬施設の構造，埴輪などの外表施設，副葬品の組合せなど，さまざまな形で表現された価値を広く共有したのである．日本列島で共有する規範は，古墳時代を通じて更新・継続されたのであり，その出現は大きな画期として注目されてきた（近藤，1983；都出，1989, 1991, 2005；広瀬，2003, 2007）．地域社会の相互関係，地域

第6章 弥生時代から古墳時代へ

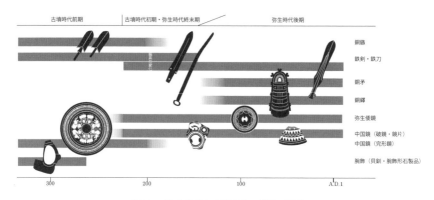

図6.1 弥生時代と古墳時代の器物の消長

　社会の内部構造における大きな変化は，弥生時代と古墳時代を区分する指標として意識されることになる．

　地域社会の相互関係を，弥生時代と古墳時代とで比べてみよう．弥生時代後期には，河川の流域や平野・盆地といった地理環境が区分する地域社会を越えて，「つながり」が明確に表れるようになる．銅矛を保有する世界が北部九州を中心に対馬や四国西南部にかけて広がり，銅鐸を保有する世界が近畿・東海を中心として広がった．山陰の日本海沿岸地域には四隅突出型墳丘墓を共有する世界が存在し，日本海沿岸地域でも丹後には方形台状墓を共有する世界が存在していた．瀬戸内海中央部では北岸の吉備に，特殊な土器の壺と器台を用いた儀礼を共有する世界が存在した．地域社会を越えた結びつき，地域圏の存在が明確にみえるのである．もっとも，土器の形態は弥生時代の早い段階から各地で異なっており，同じ土器様式を共有する地域圏の姿は見えている．しかし，銅矛・銅鐸などの儀礼具あるいは墳墓・墳墓儀礼の形態など，儀礼様式を共有する地域圏の姿が明瞭となるところに特徴がある．弥生時代後期に地域圏を浮き彫りにした儀礼の道具は，多くが弥生時代の終わりとともに姿を消し，そのままの姿で古墳時代に継続することはない（図6.1）．それと入れ替わり，前方後円墳が象徴する墳墓儀礼が地域圏を越えて広がるようになる．墳形や埋葬施設という古墳の形だけでなく，副葬品の組成（構成）やその形態も共通したものとなり，「共通する価値」が関東・東北から九州に至る日本列島を覆う．なお，象徴的な儀礼具だけでなく，土器様式においても共通性は高まった．弥生時代には，地域圏ごとに多様な土器様式が併存していたが，土師器という斉一性の高い土器の登場により，地域による形態の

違いは小さくなる．地域社会の結びつきは，弥生時代後期に地域圏レベルで進行し，古墳時代には汎日本列島規模で進行した．地域圏を越えた社会統合の進行こそ，弥生時代と古墳時代を画するものといえよう．

「特定個人」の視点を，社会統合の進行に重ねてみよう．弥生時代後期には，儀礼という象徴的価値を共有した地域圏が形成され，そのなかで島根県西谷3号墓や岡山県楯築墳丘墓にみる「特定個人」が登場する．古墳時代には，地域社会から析出した「特定個人」を埋葬する大型墳墓において，日本列島で共有する規範が発現したのである．弥生時代後期には，地域圏という社会統合のなかで「特定個人」が析出し，古墳時代には，地域社会から析出した「特定個人=首長」のつながりを通じて日本列島規模での社会統合が進んだ．社会統合のありかた—統合される空間と統合される社会階層—が弥生時代後期と古墳時代では大きく異なるといえよう．

弥生時代の器物は，多くが時代とともに姿を消す．弥生時代的な価値の否定を伴って，時代の変革が生じた．しかし，鏡は一部の鉄製刀剣とともに古墳時代へと時代を跨いで存在した（図6.1）．社会形態が変化する時代の画期は，終焉か創出の視点で語る傾向が強いが，弥生時代から古墳時代へと継続する鏡は，異なる視点での評価を可能にする．同じ器物を保有する「価値の共有」に焦点を当てつつ，二つの時代を跨ぐ鏡から弥生時代の統合=紐帯と古墳時代の統合=紐帯の変遷過程を評価することにしたい．

6.2 鏡と倭人社会

鏡は弥生時代中期後葉に日本列島に登場した．中国世界から日本列島への中国鏡の流入は，古墳時代に至るまで継続したのである．まずは，鏡の流入と日本列島での広がりの変化を簡単に整理してみよう（図6.2）．

弥生時代社会にはじめて登場した鏡は中国鏡ではなく，朝鮮半島から流入した多鈕細文鏡であった．青銅器は弥生時代中期初葉に北部九州に登場するのだが，多鈕細文鏡も矛・戈・剣の武器形青銅器とともに流入したのである．同じ朝鮮半島に由来する青銅器でも，武器形青銅器は数が多く後に倭製化が進行するのに対して，多鈕細文鏡は数も少なく倭製品もほぼみえない．多鈕細文鏡は限定的であり，他の青銅器とは様子が大きく異なった．

弥生時代中期後葉には，中国の前漢鏡が北部九州の弥生社会に登場した．その

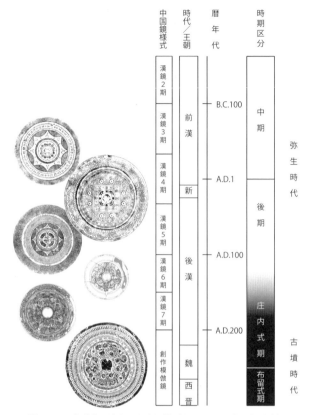

図 6.2　日本列島に流入した中国鏡（上野，2015 を一部改変）

多くは，異体字銘帯鏡と呼ぶ文字を主な装飾とした鏡であり，前漢時代の紀元前1世紀中葉から後葉にかけて中国で製作した鏡であった．甕棺の埋葬習俗を持つ北部九州を中心に前漢鏡を持つ世界が広がり，福岡県須玖岡本 D 地点甕棺や同三雲南小路 1・2 号甕棺のように多量の中国鏡を保有する存在を含みつつ，唐津湾周辺や遠賀川流域の筑豊地域，響灘沿岸にも及んだ．この時期の中国鏡は，甕棺墓への副葬に限定される（岡村，1999）．

　弥生時代後期には，後漢鏡が北部九州を中心にしつつ日本列島西半に広がる．前漢末の紀元前 1 世紀末葉に登場した雲気禽獣文鏡や，方格規矩四神鏡や細線式獣帯鏡，内行花文鏡など紀元 1 世紀代を通じて製作された鏡が流通した．流入した中国鏡は，福岡・佐賀県域を中心とした北部九州に集中しており，一部は奈

良県清水風遺跡や愛知県高蔵遺跡など東方世界へも及んでいる．この時期の中国鏡は，完形鏡であることが少なく，分割・研磨・穿孔という加工した鏡片形態のものが圧倒的に多い（辻田, 2007）．それは，日本列島での需要の高まりに対応したものといえよう．需要の高まりは，鏡の形態にも分布の広がりにもみえていることになる．そのなかには，福岡県井原鑓溝遺跡や同平原1号墓のような大量に保有する存在や，佐賀県桜馬場甕棺など複数面を保有する存在を若干含んでいる．

この時期には，倭鏡の生産も始まった．弥生時代の倭鏡は10cm以下の小型鏡であり，当初流入した異体字銘帯鏡を模倣したものにほぼ限られる．多様な紋様・面径を持つ中国鏡が流入しても模倣の対象にはなっていないので，倭鏡づくりには一定の意図・規制が働いたようである．倭鏡は流入する中国鏡を輔弼する存在と考えられている．分布は北部九州に集中しており，北部九州を中心に日本海沿岸や瀬戸内海沿岸，そして近畿地方へと波及した．倭鏡の多くは石製鋳型を用いて北部九州で生産したものだが，東方の倭鏡には土製鋳型を用いた東方世界で生産した製品も含まれている（田尻, 2012）．東方に鏡を保有する世界が広がるとともに，後期のある段階には独自に倭鏡を生産する動きも生じたのである．

鏡を保有する世界は広がるものの，鏡の取扱いは一様でなかった．早くから鏡を保有していた北部九州では，墓への副葬が継続するものの，その周縁にあたる大分・熊本県域では墓への副葬をほとんどみない．それは中国・四国より東でも同じであり，鏡を保有する意識や形態が異なっていたことを示している（辻田, 2007）．

弥生時代終末期とも古墳時代初期とも形容される庄内式併行期には，後漢後半の2世紀代に製作した鏡を中心に流通し，それらを模倣した3世紀の鏡が一部に含まれた．この時期には，兵庫県西条52号墓や京都府園部黒田古墳，徳島県萩原1号墓，福井県風巻神山4号墓など，後半段階を中心に墓への副葬が東方世界でも広がる．いずれも鏡片を副葬する，あるいは破砕した副葬などの特徴を持ち，鏡の形態には弥生時代後期との連続性がみえる．多くが単面副葬であり，多量の鏡を副葬する存在はみえない（辻田, 2007；上野, 2011）．

古墳時代前期には，三角縁神獣鏡や青龍三年銘鏡が代表する三国西晋鏡が流通した．鏡を保有する世界も，九州から関東にまで及ぶ．東方世界での副葬が増え，分布の中心は近畿に在るようになる．そのなかには，30面を越える鏡を副葬した奈良県黒塚古墳や京都府椿井大塚山古墳など，極度に鏡を集積して副葬する古墳を含んでいる．多量に副葬した古墳は，他にも福岡県石塚山古墳や岡山県湯

迫車塚など各地にもみえており，大阪府安満宮山古墳や兵庫県西求女塚古墳など近畿に数多い．そして，鏡の取扱いも変化し，完形鏡の副葬を基本とする．後に，中国鏡を模倣した倭鏡の生産が始まり，中国鏡と倭鏡が流通するようになる．古墳時代の倭鏡には，表現形態の異なるさまざまな鏡があり，大小さまざまな面径の鏡が存在した．大型前方後円墳の出現とともに，鏡の保有にも大きな変化があらわれたのである．

　中国鏡の流入は，弥生時代から古墳時代にかけて継続したが，前漢鏡が弥生時代中期後葉に，後漢鏡が弥生時代後期から終末期に，三国西晋鏡が古墳時代前期におおむね対応する（図 6.2）．中国鏡は日本列島に暦年代を与える資料であるが，中国鏡の新古と出土する遺跡・遺構の年代の新古がおおむね対応しており，鏡の年代をもって弥生時代・古墳時代の暦年代を充てることが可能である．中国鏡の編年研究が進んだ現在，流通年代ではなく生産年代をもって中国鏡の年代を議論するに至っている（岡村, 1984, 1993）．一方，理化学的分析による弥生時代の暦年代観も整いつつある．大阪府池上曽根遺跡より出土した木材の年輪年代が弥生時代中期後葉に紀元前52年という接点を与えたことや，AMS-炭素14年代測定が弥生時代の前半段階の暦年代を大きく溯上させたことは象徴的である．AMS-炭素14年代の測定結果は，弥生時代後期の始まりを紀元前後に求め，終末期（庄内併行期）の始まりを2世紀前半にさかのぼる可能性を指摘している（春成ほか, 2011）．

　日本列島に流通した中国鏡の製作年代をもって弥生時代の年代を充てれば，前漢後葉の鏡が流通した弥生時代中期後葉を紀元前1世紀後半に，前漢末から後漢前半の鏡が流通した弥生時代後期を紀元1世紀から2世紀前葉に，後漢後半の鏡と一部に三国鏡が流通した弥生時代終末期を2世紀中頃から3世紀初葉の時期に充てることになる（図6.2）．出土遺物の製作年代と出土遺構の新古に大きな矛盾はないが，他の根拠によって暦年代が変動するのであれば，特定の鏡の流通時期が長短することになる．今後も継続した検討が必要だが，年輪年代や AMS-炭素14年代の暦年代と中国鏡の年代による暦年代に相応する一面があることは重要で，中国鏡研究の進展は弥生時代の暦年代観に提言するところは大きい．

6.3　画期の鏡

　中国鏡は，弥生時代にも古墳時代にも日本列島で流通した．しかし，弥生時

の鏡と古墳時代の鏡では，分布状況やその取扱いが異なる．弥生時代後期までは，日本列島の分布の中心が北部九州にあるのに対して，弥生時代終末期には，明確な分布の中心がみえなくなり，古墳時代前期には，分布の中心が近畿にある．分布の中心は，弥生時代から古墳時代にかけて北部九州から近畿地方へと移動した．鏡を多量に副葬した中国鏡を集積する存在も，弥生時代後期まで北部九州に限定されるが，古墳時代前期には近畿地方に集中しつつも日本列島域に広がる．分布の中心も，集積する存在も，それが不明瞭となる弥生時代終末期を挟んで，北部九州から近畿地方へと移動するのである．

分布の変化だけでなく，鏡の取扱いも変化した．まず，弥生時代後期・終末期の鏡には，分割・研磨・穿孔の加工を加えた不完全な形をした鏡が多いのに対して，古墳時代前期の鏡は完全な形をした鏡が大半である．非完形から完形へと，取り扱う鏡の形態が変化する．弥生時代にみた鏡を破砕して副葬する習俗も，古墳時代にはほぼ姿を消した．

そして，鏡が出土する遺跡も変化した．弥生時代後期には，中国鏡も倭鏡も日本列島西半に広がるが，墓への副葬は北部九州に限られており，その他の地域で墓に副葬する事例は少なく，集落など生活関連遺構から出土する事例が多い．同じ鏡を保有する世界のなかでも，鏡の取扱いには地域による違いがあった．弥生時代終末期には，各地での副葬が増加し，古墳時代前期には，古墳に副葬した鏡が大半を占める．副葬と非副葬が併存する状況は，副葬に限定した状況へと変わる（辻田, 2007）．鏡の形態と出土遺跡の変化は，弥生時代と古墳時代を境として，鏡をめぐる人の動き・意識が変化したことを示している．

漢鏡が北部九州を中心に流通した弥生時代と，三国西晋鏡が近畿を中心に流通した古墳時代は対照的である．非完形の鏡に副葬と非副葬が折半する弥生時代と，完形鏡を副葬する古墳時代も対照的である．鏡の種類と分布状況だけでなく，鏡の形態と取扱いにおいても，弥生時代の鏡と古墳時代の鏡は異なるのである．弥生時代終末期の鏡は，分布の中心や鏡を集積した存在がみえず，弥生時代後期的な性格と古墳時代前期的な性格の両面を併せ持つことから，過渡的な性格を与えられてきた．古墳出土鏡の分布状況は，前方後円墳など古墳の諸要素を共通する現象であるため，その成立は古墳時代の社会システムの成立と同義であり，この時期の鏡は古墳時代の鏡の流通（分配）システムが成立する起点として注目されてきたのである．

弥生時代終末期の鏡といえば，中国鏡では2世紀から3世紀初頭の後漢後半の

|上方作系浮彫式獣帯鏡　　　斜縁神獣鏡　　　　画文帯神獣鏡|

図 6.3　後漢後半の諸鏡 (S=1/3)

鏡である．そのなかで，一定の数が存在しており注目される鏡が，上方作系浮彫
式獣帯鏡と画文帯神獣鏡と斜縁神獣鏡である（図 6.3）．いずれも，神像や獣像
を浮彫で表現した図像・装飾を持つ鏡であり，2 世紀後半に製作されたと想定し
た鏡である．

　ところが，弥生時代終末期頃に作られた鏡と，弥生時代終末期に使われた鏡は
同じではない．後漢後半の鏡は弥生時代終末期の遺跡から出土するが，古墳時代
前期以降の古墳にも副葬されている．こうした古い鏡が新しい遺跡から出土する
例は少なくない．遺跡に注目して弥生時代終末期の遺跡で出土した鏡に限定して
考えるのか，鏡という遺物に注目してその直後に副葬した鏡も含めて考えるのか
により，古墳時代の鏡システムの成立過程は異なる像を結ぶ（上野, 2011）．鏡に
注目した遺物派と，出土する遺跡に注目する遺構派の見解の違いといえよう．遺
物派の視点では，前後する時期で連続して同じ鏡を使用（副葬）することから，
弥生時代終末期と古墳時代前期の出土鏡を一括して検討し，画文帯神獣鏡が近畿
地方を中心に東部瀬戸内へと集中し，上方作系浮彫式獣帯鏡が近畿にも九州にも
集中せず日本列島西半に広く分布し，斜縁神獣鏡が日本列島に広く分布し近畿地
方に中心を持つという現象を指摘する．この分布形態の違いを流入・流通の段階
差ととらえて，画文帯神獣鏡の流通をもって近畿地方を中心とする鏡システムが
確立し，斜縁神獣鏡の流通を三角縁神獣鏡と併行した古墳時代前期の鏡とみなす．
上方作系浮彫式獣帯鏡の扱いは意見を二分するが，画文帯神獣鏡と斜縁神獣鏡の
認識は共通する．一方，遺構派の視点では，弥生時代終末期の遺跡で出土する鏡

は散漫な分布を示しており，画文帯神獣鏡といえどもこの時期に分布の集中はみえず，三角縁神獣鏡をはじめとする三国西晋鏡が流通する古墳時代前期に近畿地方を中心とする鏡システムが確立したと認識する（図6.4）．

　遺物の視点によるのか，遺構の視点によるのかによって，近畿を中心とした鏡システムの確立時期は違いをみせることになる．それぞれの論に理があり，また問題もある．遺物派の視点では，2世紀後半の鏡の違いが流通段階の差を反映するという認識に問題がある．上方作系浮彫式獣帯鏡と画文帯神獣鏡，斜縁神獣鏡に製作年代の違いを見いだすことは難しい．特定の鏡式を取り上げることにも問題はある．画文帯神獣鏡は20cmに及ぶ大型鏡を含みつつ，多くは15cm前後の中型鏡であり，面径よりも鏡式を優先して認識することになる（図6.3）．古墳時代の鏡システムでは，鏡式（図像）よりも面径を強く意識して鏡を取り扱う．面径の異なる鏡を一括しその初源期を議論することが有効なのか疑問は残る．遺構派の視点でも，当期に流通した鏡を把握しきれないという問題がある．出土する鏡は副葬・廃棄した鏡であり，前代より保有を継続した鏡を含み，この時期に流通しつつも保有が継続して後代へと至る鏡は含められないからである．

　中国鏡の製作年代と出土する遺構の新古がおおむね対応することは，やはり鏡の視点で整理することの妥当性を示している．遺物派の視点に立ち，後漢後半の鏡をもって弥生時代終末期の鏡を整理すれば，日本列島西半を中心に鏡を複数保有する地域を抽出することが可能となる．日本海沿岸の鳥取県西部，瀬戸内海中央部の広島県東部や岡山県東部，兵庫県東南部や静岡県西部，山梨県の中道(なかみち)地域や東京湾岸の千葉県木更津(きさらづ)地域，栃木県の那珂川(なかがわ)上流域などをあげることができる．奈良県東南部や西部にも保有地域はみえるが，極度に集中してはいない．現象をこのように理解すれば，明確な核をもたない共有を意図したネットワークが弥生時代終末期に確立したことになる．土器が広域に移動する現象と対照させ，近畿を中心とするネットワークの始動をよみとくことは可能である．

　ただ，古墳の築造や集落の経営が時代を跨いで順調に継続するとは限らず，断絶を伴うことが指摘されているなど，個別に検討を進めるべき必要がある．弥生時代から古墳時代にかけて，各地で一様に集落が継続したわけではない．集落の出現と墳墓の築造が同調する地域では，地域で古鏡の保有を想定するよりも，新規に古鏡を入手したと想定する方が無理はない．また，遺物派の視点でも，古墳出土の後漢鏡も古墳時代の流通鏡と同じ分布傾向がみえるという指摘があり，中国鏡の製作年代に遅れて中国鏡が日本列島に流入し流通した可能性も想定でき

第6章 弥生時代から古墳時代へ

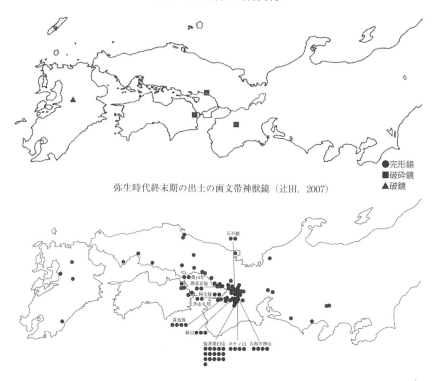

弥生時代終末期の出土の画文帯神獣鏡 (辻田, 2007)

● 完形鏡
■ 破砕鏡
▲ 破鏡

画文帯神獣鏡の分布 (下垣, 2011)

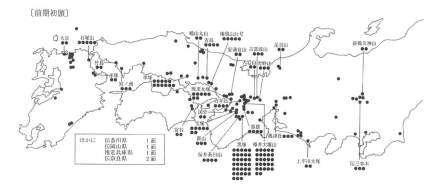

三角縁神獣鏡の分布 (下垣, 2011)

図 6.4 画文帯神獣鏡の分布と三角縁神獣鏡の分布 (上野, 2015 を一部改変)
弥生時代終末期 (古墳時代初期) の遺跡で出土する画文帯神獣鏡は少ない (上). しかし, 古墳出土の画文帯神獣鏡がこの時期に流入したとみれば, 大きな画期となる (中). 三角縁神獣鏡の分布の素地ができたともいえることになる (下).

る．鏡を集積させ流通システムを俯瞰する研究報告で提示した理解は，今後も継続した検討が必要であるが，以下では別の視点で画期としての弥生時代終末期の鏡を複眼的に考えることにしよう．

6.4 紐帯と区分という視点

　器物が社会において果たした機能には，保有者の結びつきを示す機能と，保有の有無により区分する機能，あるいは保有者を質や量によって区分（序列）する機能がある．器物は，同質化と差異化の相反する社会的機能を持つ．弥生時代の鏡と古墳時代の鏡を，この紐帯と区分という視点をもって整理してみよう．ここでは，出土遺構の年代に基づいて記述を進める．

　弥生時代中期後葉に登場した中国鏡には，面径と数量で表現した序列があると指摘されている．中国鏡の副葬は，単面副葬が大多数であり，複数面副葬はわずかにすぎない．大型鏡を含む中国鏡を30面近く保有した福岡県須玖岡本遺跡D地点甕棺や，同三雲南小路1号甕棺と，小型鏡を20面持つ三雲南小路2号甕棺や中型鏡を6面持つ立岩10号甕棺をみる程度である．単面副葬は，中型鏡を保有する立岩35号甕棺などと，小型鏡を保有する立岩28号甕棺や佐賀県柏崎田島6号甕棺などに分かれる．

　中国鏡は地域社会で限定的だが，地域社会を越えた単面保有という共通性がみえる．地域社会で特定の存在を顕示させる点では区分の機能を，外部社会に関係を持つ彼らを結びつける点では紐帯の機能を果たしていた．中型鏡と小型鏡という相対的な優劣を含みつつも，等質性をそなえた地域社会を越える流通ネットワークがみえる．大型鏡を多数含む特殊な存在はネットワークの中核であり，中国王朝と交渉を持った奴国王墓と伊都国王墓に比される須玖岡本D地点甕棺と三雲南小路甕棺は，北部九州の中国鏡流通の起点であった．地域社会でも，立岩10号甕棺は遠賀川流域の立岩遺跡における分配の核となったといえよう．この時期の鏡は，保有に大きな差がなく等質性が強い．保有者間の差異化が明確に意識されているとはいえず，流通構造には紐帯の性格が強く反映されている．

　中国鏡の流入と同時に多量に保有する存在が登場したことは，日本列島での流通がこれまでとは異なる性格をもつことを示している．鏡に先立つ武器形青銅器や南海産貝輪では，多量に集積した流通の中核を見いだすことは難しい．中国世界と北部九州を中心とした倭人社会の交渉がこれまでとは異質なものであり，突

如として北部九州の倭人世界に大きな変化をもたらしたといえよう．

　弥生時代後期の中国鏡は，北部九州とその隣接地を越えて，よりひろい広がりをみせる．分布の拡大は，分割（破砕）した鏡片形態の鏡が一般化する現象とともに，日本列島の弥生社会において需要が高まりを示す．一方で，福岡県井原鑓溝遺跡や平原1号墓にみる多量の中国鏡の集積は，中国鏡流通の中核が前代から継続して存続したことを示している．また，後期の倭鏡生産は，鏡の受容の高まりを示すもう一つの特徴である．倭鏡の生産は，当初各地で展開するものの，時期とともに集約化が図られる傾向を持つ．中国鏡を多量に集積した存在や倭鏡の生産が集約化する傾向は，流通あるいは生産といった鏡の供給が統制されている現象といえよう．

　しかし，多量集積する特殊な存在を除けば，この時期にも保有に明確な差はみえない．墓への副葬は多くが単面副葬であり，形態は異なれども数の差はみえない．また，墓群（墓地）あるいは集落において鏡が複数出土しており，鏡が地域社会に普及している側面がみえる．墓に副葬されない鏡—多くは後続する弥生時代終末期以後に廃棄・副葬される—は，北部九州周縁と東方世界で共通した現象である．副葬・非副葬の取扱いが異なっても保有に格差がないことは，価値を持つものとして広域で鏡を共有する様相が読み解ける．流通の中核や倭鏡生産の集約化など，鏡の供給に統制・管理された一面があるものの，保有には等質的な側面・性格が受け止められる．この時期の鏡の流通には，紐帯の機能がより強く働いていたということができよう．広域で共有する価値観の確立を背景に，九州より東においても散発的であるが倭鏡も生産されたのである．

　弥生時代終末期には，墳墓への副葬が普及しはじめ，分布形態に変化が現れる．保有という視点では，単面副葬が多いことは前代と共通するが，流通の中核となる多量に集積した存在を欠くことは前代と異なる．鏡の流通には，紐帯の性格が継続したといえよう．

　古墳時代は，三角縁神獣鏡の流通においてこれまでとは大きな違いをみせる．奈良県黒塚古墳や椿井大塚山古墳にみる，30面を越える大量の鏡の副葬がみられ，その他にも福岡県石塚山古墳の7面や岡山県湯迫車塚古墳の11面や，兵庫県権現山51号墳の5面，同西求女塚古墳の7面など，複数面を副葬した事例が数多くみえる．三角縁神獣鏡は面径が22cm前後にそろい同笵鏡が多い規格品としての性格が強く，鏡を保有（共有）する紐帯と面数による区分が明瞭にみえる．その流通には，鏡の保有者を区分する意識が強く作用している（下垣，2011）．三国

西晋鏡の流入の後に倭鏡生産が始まるが，古墳時代倭鏡は同じモチーフを共有する大小の鏡の作り分けを目的としており，鏡の数量と形態（面径）によって区分（序列）を表現したと指摘される．倭鏡の製作段階にも，奈良県桜井茶臼山古墳や，同新山古墳など多量の鏡を副葬する古墳が大和には数多くみえている．鏡を集積した存在が複数みえることは，流通の中核が限定的であった弥生時代とは様相が異なる．鏡の保有が汎日本列島規模で普遍化し，完形鏡の副葬が一般化するなかで，鏡の流通には区分の機能が強く作用したのである．鏡の保有が紐帯と区分の機能を併せ持ちながら，区分の機能がより強く意識された．

　鏡が果たした社会的機能は，弥生時代と古墳時代で性格が異なる．弥生時代の鏡には，多量に集積する存在を除けば保有の格差は明瞭ではなく，副葬する地域と非副葬の地域に分かれるなど，取扱いにも地域による差が認められる．価値を持つ器物を共有するという，紐帯の機能が評価できよう．古墳時代の鏡には，副葬という取扱いが斉一的に普及し，数量および面径で表現する格差が明確となる．区分の機能が古墳時代の鏡にはより強く作用していた．紐帯の機能を評価できる弥生時代の鏡と，区分の機能を強調した古墳時代の鏡は対照をなしている．

　なお，多量に集積した存在は，弥生時代にも古墳時代にもみえるが，その性格は異なる．弥生時代には，多量副葬の事例は特殊な存在であり，等質的な他の保有とは隔絶しており，鏡を寡占した存在からの等質な流通が想定できた．古墳時代には，多量副葬が複数存在しており，鏡副葬古墳が集中する近畿に多量保有も集中する．複数の集積した存在は，鏡の流通が「分有」という性格を帯びていたことを示す．単独の存在が独占して分配するのではなく，鏡を列島内部で分有（共有）する形態で序列化が進行したことを示している．

6.5　集団と個人

　弥生時代の鏡と古墳時代の鏡を分けるもう一つの指標は，出土遺構にみえる鏡の取扱いの違いである．弥生時代には，鏡が副葬の対象となりつつも，副葬せずに保有が継続することもあった．弥生時代終末期の集落で出土する鏡は，廃棄した結果と判断される．古墳時代の鏡は古墳に副葬するものが圧倒的である．兵庫県藤江別所遺跡のように小型の鏡が祭祀遺跡から出土する例があるものの，大半が古墳に副葬した鏡である．副葬と非副葬＝保有の継続は，鏡の取扱いが異なるだけでなく，器物の所有という意識において大きな違いを持つ．副葬は個人の死

に器物を添えることであり，器物の所有を個人に帰属（固定）させることに他ならない．一方，副葬せずに保有を継続することは，器物の所有が個人ではなく集団に帰属させるものか，もしくは特定の個人に限定しないことを意味している．器物の属人性において，副葬と非副葬には大きな違いが見いだせる．

弥生時代中期後葉に流入した中国鏡は甕棺に副葬されており，当初から保有者・入手者が所有する属人的な性格を示している．中国鏡が流入する前後の時期には，北部九州に武器形青銅器や南海産貝輪が存在したが，いずれも甕棺に副葬している．北部九州では，入手が限定的であり保有が象徴的な権威を生む器物の属人的性格は強かった．

弥生時代に後期を境として，北部九州では武器形青銅器を埋納(まいのう)するようになる．副葬から埋納への変化は，器物の所有が個人から集団へと変質したことを示しており，器物の保有・帰属意識が変化したのである．この時期の鏡は，福岡県域や佐賀県域など旧甕棺墓地域で副葬が継続するものの，熊本県域や大分県域などその周縁地域では副葬事例が限られ，集落など生活関連遺跡からの出土が顕著である．早くから鏡を受容した先進地域では属人性の高い取扱いを受けたのに対して，新たに鏡を受容する後発地域では特定個人に帰属させない取扱いを受けたのであろう．

中国・四国地方以東は，弥生時代中期に武器形青銅器や銅鐸を保有した世界であるが，当初より一貫して埋納を継続させており，儀礼具を特定個人に所有させない傾向が強い．この地域では規模の優れた墳墓や特異な副葬品は振るわず，他と区別される特定の個人の墓が後期後半まで発達しない．それは，青銅器を集団＝非個人で保有する状況と表裏の関係にある．日本海沿岸や瀬戸内海沿岸地域では，集団で保有する青銅器を後期に手放し，墳墓儀礼(ふんぼぎれい)（葬送儀礼(そうそうぎれい)）が早くに発達し，後期後半には墳丘墓の登場をみた．後期に銅鐸を大型化させた近畿では，墳墓儀礼や墳丘墓の登場は遅い．個人を意識する墳墓儀礼を通して，首長の姿が明瞭にあらわれてくるのである．こうした弥生時代後期の動きのなかで，東方世界では鏡を副葬しない．特定の個人と鏡が結びつかないあり方は，北部九州の周縁地域とも共通する．

弥生時代終末期には，墳墓への鏡の副葬が日本列島西半に広がり始めた．九州南部や東部では，鏡片形態の弥生時代後期的な鏡を集落で廃棄する例が数多くみえる．墳墓への副葬の普及は，中国・四国地方より東でも鏡の所有が個人へと帰属（固定）したことを意味している．鏡の所有に特定個人が強く意識されたので

あり，個人の析出と表裏の関係にある．弥生時代後期的な鏡の廃棄は，弥生時代的な価値の否定であり，銅矛や銅鐸などそれまで価値を存続させた器物が姿を消すことと同じ意味を持つ．銅矛も銅鐸もともに，所有が個人に帰属しない集団保有の器物であり，副葬せずに保有を継続させた鏡も，特定個人の所有に帰属させない器物である．集団保有はある時空間での複数の所有者による保有を意味し，保有の継続は時間を前後した複数の所有者による保有を意味しており，ともに複数の所有者による保有という性格は同じである．複数の所有者による保有から特定個人の所有への帰趨は，器物の帰属意識という点でも大きな転換を示しているといえよう．

やがて古墳時代前期には，完形鏡の副葬が汎日本列島規模で普及する．特定の個人に帰属させた取扱いが，より広く共通の規範として確立したことを意味している．

鏡の副葬が先進的な旧甕棺墓地帯にほぼ限られ，他では集団保有や保有継続という複数の保有者を想定する保有形態が併存する状況が，特定個人の保有に帰する副葬という形態に集約してゆく弥生時代終末期こそ，その画期ということができよう．鏡の保有者を集団と個人という視点で整理しても，弥生時代終末期の鏡に弥生時代の鏡と古墳時代の鏡の画期を見いだすことができるのである．

6.6 あらためて評価した画期

分布や流通形態という違いだけでなく，紐帯と区分という鏡の社会的機能，集団と個人という器物の帰属意識という視点から，弥生時代の鏡と古墳時代の鏡を対照してきた．鏡の社会的機能では，紐帯の性格が強い鏡の流通形態が区分の性格を強調した鏡の流通形態へ転換するのは古墳時代前期であった．器物の帰属意識では，特定個人の所有に限定されてゆく弥生時代終末期が転換点として映じた．弥生時代終末期の鏡は，弥生時代から古墳時代への連続する側面と断絶する側面を兼ね備えていることが明らかになった．

古墳時代の鏡は地域社会の特定個人＝首長が保有するものであり，特定個人＝首長の結びつき＝紐帯と，その序列（位相）＝区分を示す器物として機能した．副葬という形で特定個人の保有が普遍化するのは弥生時代終末期以降のことであり，鏡の流通において区分が反映されるのは古墳時代前期以降のことである．鏡という器物の共有は地域圏を越えたつながりの形成を示し，副葬鏡の普遍化は共

通の価値体系による「特定個人＝首長」のつながりの形成を示す．地域圏を越えたつながりと地域社会内部の構造変化は，併行して進行したことがうかがえる．

　弥生時代後期には，鉄製刀剣や金属製装身具（銅釧・鉄釧）の保有が日本列島規模で広がる（野澤，2002；北條，2005；豊島，2010）．地域圏を超えて器物が流通し，それを通じて価値を共有する世界が広域に確立しつつあることを示している．広域流通ネットワークの確立は，共通の価値観を確立させるだけでなく，地域社会集団内における主導者の立場を萌芽させ，ネットワークを通じて入手する広域流通品が特定個人の析出を促進するという相互作用が働いたと考えたい．こうした一連の動きの中に，鏡を共有する世界の拡大と副葬現象の普遍化は位置づけられよう．なお，これらの器物は多くが「身に帯びる」属人的性格の強いものであり，古墳時代にも使用を継続するものが含まれることは興味深い．

　弥生時代後期には，地域圏という社会統合において「特定個人」が析出し，古墳時代には，地域社会から析出した「特定個人＝首長」のつながりを通じて汎日本列島規模で社会統合が進行した．弥生時代後期と古墳時代前期では，社会統合のあり方—統合される空間と統合される社会階層—が異なるが，その変遷は鏡の流通という視点から以下のように理解することができる．

　弥生時代後期の恒常的な広域流通システムを基礎に，弥生時代終末期には中核を持たない等質な流通形態が生起し，地域社会で析出した特定個人＝首長を結びつけた．近畿の地域社会は，このネットワークを通じて主導権を発揮し，ネットワークの空間範囲やシステムの内実という点において質的な転換を果たし古墳時代前期を迎えた．

　古墳時代前期の流通システムは，紐帯を前提として区分を強く意識しており，分有・共有の主宰・盟主的存在であることにその限界がある．配り手自身も器物を共有しており，受け手に対して絶対的な存在ではない．紐帯を前提とした優位性の表現にこそ，古墳時代の倭王権の実像がみえる．

　古墳時代の始まりは，前方後円墳システムの中核を担う近畿の潜在的優位性をもって古くは理解され，鉄資源等先進物資の流通覇権の争奪の結果として理解されてきた．近年では，発展史観的な視点を相対化する傾向が強い．強固で盤石な権威の確立を背景として時代の画期を迎えるのではなく，急速に求心力・主導権を発揮した動きにこそ，その画期の重要性がある．鏡の流通には，地域勢力が連携ネットワークを構築するなかで近畿がその主導権を握るという変遷が追えるのである．古墳時代の共有・分有を前提とした関係にその事情は色濃く反映されて

いる．

　また，急進的に形成したがゆえに，求心力・主導権は一過的であり，その維持・継続には不断のシステム更新が求められた．短い時間幅のなかで，前方後円墳に集約される儀礼体系＝規範が更新される所以はここにある．

　象徴的器物の流通は社会の一面を示すにすぎない．その流通に反映される優位性が，実態社会の何を反映するのか十分には解明できていない．容易には論究できないものの，それを見通せる理解の構築が必要となろう．

まとめ

　ここでは，弥生時代から古墳時代に流入した中国鏡とそれに刺激された倭鏡を取り上げ，日本列島内での動きを整理した．従来の検討で対象となる種類と分布状況という視点だけでなく，社会的機能と器物の帰属意識という視点から検討することによって，集団から区分される権威・権力を持つ首長が析出する過程と，地域圏を越えて共有する価値観が確立する過程を素描した．研究報告において検討した弥生時代終末期の鏡の画期を，他の視点を交えつつあらためて評価した次第である．

　鏡は，中国世界から入手した器物であり，王朝の権威を背景に日本列島内での流通を理解する傾向が強い．漢王朝との交渉が弥生時代社会を変容させ，魏晋（ぎしん）王朝との交渉が古墳時代社会の成立に作用した．その理解は一面では穏当だが，中国由来であることのみにおいて，列島社会を変容させたわけではない．広域での価値の共有と，それを基礎とした区分・序列化という，日本列島内での動きと表裏の関係にある．外部刺激と内部要因が交錯して，日本列島社会が大きく変容したことを指摘しておきたい．

参考文献

上野祥史（2011）青銅鏡の展開．古墳時代への胎動（弥生時代の考古学 4），pp.139-154，同成社．
上野祥史（2015）鏡からみた卑弥呼の支配．卑弥呼―女王創出の現象学―，pp.132-141，大阪府立弥生文化博物館．
岡村秀典（1999）三角縁神獣鏡の時代．吉川弘文館．
岡村秀典（1984）前漢鏡の編年と様式．史林，67 巻 5 号，pp.1-41．
岡村秀典（1993）後漢鏡の編年．国立歴史民俗博物館研究報告，第 55 集，pp.39-83．

近藤義郎（1983）前方後円墳の時代，岩波書店．
下垣仁志（2011）古墳時代の王権構造，吉川弘文館．
田尻義了（2012）弥生時代の青銅器生産体制，九州大学出版会．
辻田淳一郎（2007）鏡と初期ヤマト政権，すいれん舎．
都出比呂志（1989）日本農耕社会の成立過程，岩波書店
都出比呂志（1991）日本古代の国家形成論序説―前方後円墳体制の提唱―．日本史研究, No.343, pp.5-38.
都出比呂志（2005）前方後円墳と社会，塙書房．
豊島直博（2010）鉄製武器の流通と初期国家形成，塙書房．
野澤誠一（2002）銅釧・鉄釧からみた東日本の弥生社会．長野県立歴史館研究紀要，8 号，pp.2-20.
春成秀爾，小林謙一，坂本　稔，今村峯雄，尾嵜大真，藤雄慎一郎，西本豊弘（2011）古墳出現期の炭素 14 年代測定．国立歴史民俗博物館研究報告，第 163 集，pp.133-176.
広瀬和雄（2003）前方後円墳国家，角川書店．
広瀬和雄（2007）古墳時代政治構造の研究，塙書房．
北條芳隆（2005）螺旋状鉄釧と帯状銅剣．待兼山考古学論集―都出比呂志先生退任記念―，大阪大学考古学研究室，pp.248-266.

図版の出典

図 6.3　上方作系浮彫式獣帯鏡：島根県教育委員会（1963）島根県松本 1 号墳出土．松本古墳調査報告．
　　　　斜縁神獣鏡：高槻市教育委員会（2000）大阪府安満宮山古墳出土．安満宮山古墳―発掘調査・復元整備報告書―．
　　　　画文帯神獣鏡：神戸市教育委員会（2004）兵庫県西求女塚古墳出土．西求女塚古墳発掘調査報告書．

事項索引

ア 行

アイナメ科　117
アイヌ文化期　119
アカガシ亜属　15
アサ　115
朝日Ⅲ期　92
アズキ　12
綾杉文帯　92
アワ　18

鋳掛け　98
威儀の剣　104
出雲原山式土器　21
異体字銘帯鏡　150
板付Ⅰ式土器　21, 25, 26
板付Ⅱ式土器　90
板付文化　20
伊都国王墓　157
稲作　127
イネと鉄　59
稲と鉄の弥生文化　6
イモガイ　140
隕鉄　66

埋甕　24
雲気禽獣文鏡　150

エゾシカ　116, 121
鉞　66
円形粘土帯土器　72, 77, 84
円礫　23

大型前方後円墳　38
大型壺　18
大型墳墓　147
大森文化続期　20
オニグルミ　115
斧　66
斧刃状　101
遠賀川系（式）土器　21, 25, 61

カ 行

戈　66
階級　14
貝集積遺構　140
海人　109, 137
海人用南海産貝輪　139
貝塚　115
貝塚後期人　145
貝塚後期文化　2, 4, 20, 137
貝塚前期文化　137
海浜型前方後円墳　54
塊錬鉄　66, 69, 79
塊錬鉄浸炭鋼　67
貝輪　122
鍛冶炉　78
片刃石斧　128
可鍛鋳鉄　68
可鍛鉄　79
カマド　126
甕棺　91, 150
甕棺墓　91, 150
画文帯神獣鏡　154
カレイ　117

灌漑水田稲作　14, 16
岩偶　124
環濠　23, 51
環濠（壕）集落　16, 84, 89, 145
環状集落　13
神庭荒神谷銅剣　95, 97, 106
聞く銅鐸　99
魏晋王朝　111
畿内第Ⅰ, Ⅱ様式土器　21, 92
キビ　18
金海式甕棺　91
牛角取手付壺　77
九州縄文文化　137
九州北部系弥生土器　74
凝灰岩製管玉　32
魚形石器　117
鋸歯文　99
金石併用期　61
金属器の渡来　15
均等存続幅　3

管玉　30, 122
屈肢葬　39
屈葬　39

原始鍛冶　70

較正暦年代　1
高地性集落　51
小型円柱状片刃青銅利器　89
小型転用利器　89
国産青銅器　75

黒曜石 122
越敷山式土器 21
古墳 49
古墳時代 16
古墳成立論 65
ゴホウラ 140

サ 行

祭祀 18
祭祀具 51
細線式獣帯鏡 150
サケ科魚類 116
雑居状態 128, 131
雑穀栽培 18
擦文文化 116, 126
山陰縄文文化 21, 22
山陰弥生文化 34
三遠式銅鐸 108
三角縁神獣鏡 151
三国西晋鏡 151

シイ属 15
下田所式土器 46
斜縁神獣鏡 154
斜格子文帯 92
住居址 37
周溝遺構 105
周溝墓 49
首長 147
狩猟採集経済 115
狩猟採集社会 127
小国家の分立 15
小銅鐸鋳型 92
庄内式土器 46
城ノ越式土器 68, 74, 91
上方作系浮彫式獣帯鏡 154
縄紋式土器の時代 10
縄文時代 9
縄文時代晩期黒川式期 12
縄文土器 61

縄文農耕 13
縄文晩期文化 4
縄文文化の六期区分 115
人口重心 46
新石器時代 9
伸展葬 44
進歩・発展史観 132
神話 21

水田 12
水田稲作 3, 4, 59, 84
水田稲作開始年代500年遡上説 1
水稲耕作 122, 128
水稲農耕 88
須玖Ⅰ式土器 68
砂沢式土器 16
砂沢文化 20
隅丸方形 126

成人甕棺墓制 84
青銅器 6, 21, 51, 75
青銅器祭祀 52, 84
青銅器時代 88
青龍三年銘鏡 151
石製鋳型 92, 98
石鏃 23, 124
石斧 122
石棒 16, 24
石棺墓 94
石器の消滅 61
漸移帯 19
戦国時代（中国） 67
銑鉄 79
前8世紀説 7
前方後円墳 4, 49, 59, 131, 147
前600年説 7

葬送儀礼 89, 110, 112, 160
続縄文 114

続縄紋式土器 114
続縄文時代 114
続縄文人 145
続縄文文化 2, 114, 127
松菊里式 42

タ 行

ダイズ 12
高瀬論考 145
高坏 77
高橋Ⅰ式土器 138
多鈕細文鏡 77, 91, 149
脱炭処理 60
竪穴建物 39
竪穴住居跡 120
楯築墳丘墓 46
玉類 91
炭化種子 115
鍛造鉄器 62, 79

地上式建物 39
中国鏡 149
中四国式縄文文化 22
抽出検査 37
鋳造鉄器 62
鋳造鉄器再利用説 73
鋳造鉄斧 6, 77
鋳鉄 66
鋳鉄脱炭鋼 64, 77
長頸壺 77
長者の墓 27
朝鮮式小銅鐸 77, 100
朝鮮半島初期鉄器時代 84
朝鮮半島青銅器文化 2, 93

鉄 59
鉄器 6, 51, 121, 125
鉄器時代 9
鉄釧 162
鉄剣 126

事項索引　　　　　　　　　　　　　　　　　　167

鉄滓　69
鉄刃農具　64
鉄製鍬先　85
鉄斧　62

銅戈　77
　——の模倣　99
銅鏡　89
銅釧　109, 162
銅剣　107
陶塤形土製品　24, 25
耨耕　10
銅鋤先　109
銅鏃　109
銅鐸　6, 88, 148, 160
同笵関係　98
同笵鏡　158
銅矛　98, 148
土器棺再葬墓　18
土器棺墓　94
土器型式　3
土器埋設祭祀　24
土偶　16, 18, 24
土壙　30
土壙墓　23, 39
土地の占有　15
独鋸石　16
突線鈕式銅鐸　98, 108
突帯文甕　137
突帯文土器　12, 15, 62
土版　16
巴形銅器　109
渡来系弥生人　25
鳥形木製品　25

ナ　行

内行花文鏡　150
奴国　85
奴国王墓　157
南海産貝輪　84

ニシン科　117

農業の開始　15
農耕　12
農耕化　11
農耕社会　127
農耕文化複合　18

ハ　行

配石墓　23, 27
佩用の剣　105, 109
鋼　66
白銑鉄　67
土師器　55, 61, 148
埴輪　147
板状鉄製品　70, 79
ハンノキ　15

ヒエ　13, 115
卑弥呼　7
ヒラメ　117
広形銅矛　108

武器　6
武器形祭器　75
武器形青銅器　88
武器形石製品　25, 88, 90
不均等存続幅　3
副葬　159
副葬品　6
福田型銅鐸　100
フサカサゴ科　117
太型蛤刃石斧　128
布留Ⅰ式　69
布留式土器　46
古海式土器　21
墳丘墓　38, 49, 160
墳墓　147
墳墓祭祀（儀礼）　52, 160

変質輝緑岩　101
弁辰　65

方格規矩四神鏡　150
方形周溝墓　53
方形台状墓　148
方形墳墓群　49
奉祭の剣　104
ボカシ　19
補刻　98
細形青銅器　75
墓地論　3
北海道式古墳　126
掘立柱建物　105
穂摘具　59, 128

マ　行

埋葬址　37
埋納　88, 97, 104, 106, 109,
　　110, 160
磨製石鏃　90
磨製石剣　90
関部双孔　94
末期古墳　126
まつり　6
マメ類　12
見えざる鉄器　65
見えている武器　65
見る銅鐸　99
無樋の銅戈形石製品　100
村上恭通の4分類　79
メカジキ　117
メム　120
免田式土器　144

木槨　46
木棺　44

木棺墓　24, 90, 91
籾圧痕土器　122

ヤ　行

屋敷地　39
矢野遺跡出土土器　26
山ノ口式土器　144
山ノ寺式土器　7
弥生化　21
弥生式土器　61
　　——の時代　10
　　——の文化　10
弥生式の時代　10
弥生式文化　15
弥生時代　9, 61
弥生時代早期　12
弥生集落論　3
弥生人　59

弥生先Ⅰ期　63
弥生早期　63
弥生短期編年　6, 59
弥生長期編年　2, 59
弥生鉄史観　60
弥生土器　59, 138
弥生文化　4

有角石器　101
夜臼式土器　7, 90, 137
有柄式銅剣　77

陽出文様　98
四隅突出型墳丘墓　21
四隅突出型墓　148

ラ　行

菱環鈕式銅鐸　92, 93

遼東起源説　7
遼寧式銅剣　7, 89
緑泥石片岩　122
列状配置墓地　25
錬鉄　79

ワ　行

倭鏡　151
倭国乱　7, 65

欧　文

AMS-炭素14年代測定　1, 3, 26, 37, 60, 89, 152
phase　20
stage　20

遺跡名索引

ア 行

赤井手遺跡（福岡県春日市） 78
朝日遺跡（愛知県名古屋市・清須市） 92
足守川加茂遺跡（岡山県岡山市） 40, 46
足守川矢部南向遺跡（岡山県倉敷市） 40
後池内遺跡（岡山県岡山市） 40
安満宮山古墳（大阪府高槻市） 152

池上・曽根遺跡（大阪府和泉市・泉大津市） 152
石塚古墳（奈良県桜井市） 54
石塚山古墳（福岡県苅田町） 151, 158
板井砂奥遺跡（岡山県総社市） 69
板付縄文水田（福岡県福岡市） 7, 62
板屋Ⅲ遺跡（島根県飯南町） 23
井手天原遺跡（岡山県総社市） 41
井手見延遺跡（岡山県総社市） 41
井ノ山遺跡（山口県防府市） 89
井原鑓溝遺跡（福岡県糸島市） 151, 158
伊福定国前遺跡（岡山県岡山市） 40
今川遺跡（福岡県福津市） 70, 89
今津岸ノ上遺跡（鳥取県大山町） 23

上野Ⅱ遺跡（島根県松江市） 80
宇木汲田貝塚（佐賀県唐津市） 62, 137
宇検貝塚（鹿児島県奄美市） 138
宇堅貝塚（沖縄県うるま市） 138, 142
宇治市街地遺跡（京都府宇治市） 1
有珠モシリ遺跡（北海道伊達市） 123
宇地泊兼久原第一遺跡（沖縄県宜野湾市） 142
宇鉄Ⅱ遺跡（青森県青森市） 123

浦間茶臼山古墳（岡山県岡山市） 49
ウルル貝塚（沖縄県久米島町） 142

恵山貝塚（北海道函館市） 117

大岩遺跡（岡山県岡山市） 40
大久保遺跡（愛媛県西条市） 72, 73
大久保原遺跡（沖縄県読谷村） 137, 138
大度貝塚（沖縄県糸満市） 142
大原第2貝塚（沖縄県久米島町） 142
沖丈遺跡（島根県美郷町） 23, 27, 31, 32
奥坂遺跡（岡山県岡山市） 41
尾上車山古墳（岡山県岡山市） 54
雄町遺跡（岡山県岡山市） 40
温泉洞（韓国） 76

カ 行

嘉門貝塚（沖縄県浦添市） 138, 140
柏崎田島6号甕棺（佐賀県唐津市） 157
勝山古墳（奈良県桜井市） 54
金井戸新田遺跡（岡山県総社市） 41
金丸遺跡（福岡県遠賀町） 94
加平郡大成里（韓国） 76
加茂政所遺跡（岡山県岡山市） 41
唐古・鍵遺跡（奈良県田原本町） 61, 77
神庭荒神谷遺跡（島根県斐川町） 103, 106

北方下沼遺跡（岡山県岡山市） 40
北方長田遺跡（岡山県岡山市） 40
北講武氏元遺跡（島根県松江市） 24
北原貝塚（沖縄県久米島町） 142
金海会峴里（韓国） 76
旧練兵場遺跡（香川県善通寺市） 109

具志堅貝塚（沖縄県元部町） 137
具志原貝塚（沖縄県伊江村） 140, 142
窪木遺跡（岡山県総社市） 41
窪木薬師遺跡（岡山県総社市） 41
黒住雲山遺跡（岡山県岡山市） 41
黒塚古墳（奈良県天理市） 151, 158

郷境（岡山県岡山市） 49
小浦遺跡（島根県松江市） 23
小倉城二ノ丸家老屋敷跡（福岡県北九州市） 94
固城東外洞（韓国） 76
権現山51号墳（兵庫県たつの市） 158

サ　行

西条52号墓（兵庫県加古川市） 151
斎藤山遺跡（熊本県玉名市） 62, 68
斎富遺跡（岡山県赤磐市） 40
桜井茶臼山古墳（奈良県桜井市） 159
雑餉隈遺跡（福岡県福岡市） 90
三田谷Ⅰ遺跡（島根県出雲市） 25

鹿田遺跡（岡山県岡山市） 40
清水貝塚（沖縄県久米島町） 142
清水風遺跡（奈良県田原本町） 151
清水谷遺跡（鳥取県南部町） 23
下庄遺跡（岡山県倉敷市） 40
下小路遺跡（鹿児島県南さつま市） 144
下月隈天神森遺跡（福岡県福岡市） 23
下山遺跡（島根県飯南町） 22, 23
上東遺跡（岡山県倉敷市） 40
新宅山遺跡（岡山県赤磐市） 40
新昌洞（韓国） 76
新山古墳（奈良県広陵町） 159

須玖岡本遺跡（福岡県春日市） 95, 150, 157
須玖タカウタ遺跡（福岡県春日市） 77
砂沢遺跡（青森県弘前市） 16

千引遺跡（岡山県総社市） 41

惣図遺跡（岡山県赤磐市） 40
園部垣田古墳（京都府南丹市） 151
松菊里遺跡（韓国） 89

タ　行

大文字遺跡（岡山県総社市） 41
高蔵遺跡（愛知県名古屋市） 151
高塚遺跡（岡山県岡山市） 41, 46, 109
高橋貝塚（鹿児島県南さつま市） 140
高松原古才遺跡（岡山県岡山市） 41
立田遺跡（岡山県岡山市） 41
立岩10, 28, 35号甕棺（福岡県飯塚市） 157
楯築（弥生）墳丘墓（岡山県倉敷市） 38, 109, 149
田益新田遺跡（岡山県岡山市） 40
田益田中遺跡（岡山県岡山市） 40
達川遺跡（韓国） 69, 76
垂柳遺跡（青森県田舎館市） 123
田和山遺跡（島根県松江市） 23, 25, 26, 107

池内洞（韓国） 76
昌原茶戸里（韓国） 76
中山洞薬水（韓国） 76
朝島貝塚（韓国） 76
鎭川石帳里遺跡（韓国） 68

津島遺跡（岡山県岡山市） 40
津島江道遺跡（岡山県岡山市） 40
津寺遺跡（岡山県岡山市） 41
津寺一軒屋遺跡（岡山県岡山市） 41
津寺三本木遺跡（岡山県岡山市） 41
椿井大塚山古墳（京都府木津川市） 151, 158
鶴亀遺跡（岡山県総社市） 41
鶴崎遺跡（佐賀県唐津市） 71

大成洞焼成遺跡（韓国） 69, 76
寺床遺跡（島根県松江市） 22
天神坂遺跡（岡山県岡山市） 41

土井ヶ浜遺跡（山口県下関市） 23, 29

遺 跡 名 索 引

殿山遺跡（岡山県総社市）　41, 49
登呂遺跡（静岡県静岡市）　61

ナ　行

那珂遺跡（福岡県福岡市）　54, 85
中川原遺跡（沖縄県読谷村）　142
長瀬高浜遺跡（鳥取県湯梨浜町）　23
中撫川遺跡（岡山県岡山市）　40
中西遺跡（奈良県御所市）　8
那珂八幡古墳（福岡県福岡市）　54
中山遺跡（岡山県真庭市）　41
中山茶臼山古墳（岡山県岡山市）　49
奈具岡遺跡（京都府京丹後市）　77
七つ坑古墳群（岡山県岡山市）　49
菜畑遺跡（佐賀県唐津市）　62
南原細田里（韓国）　76

西川津遺跡（島根県松江市）　24
西谷3号墓（島根県出雲市）　149
西分増井遺跡（高知県高知市）　110
西求女塚古墳（兵庫県神戸市）　152, 158
西山遺跡（岡山県総社市）　41

勒島遺跡（韓国）　68, 76
布田遺跡（島根県松江市）　22

莱城遺跡（韓国）　73, 74, 76

ハ　行

博多遺跡群（福岡県福岡市）　69
萩原1号墓（徳島県鳴門市）　151
箸墓古墳（奈良県桜井市）　1, 4, 54
八ノ坪遺跡（熊本県熊本市）　75
浜屋原貝塚（沖縄県読谷村）　142
浜寄遺跡（島根県益田市）　24
原田遺跡（福岡県嘉麻市）　92
原山遺跡（島根県出雲市）　25
芝之里遺跡（韓国）　76

比恵遺跡（福岡県福岡市）　54, 77, 85, 90
比恵の大溝（福岡県福岡市）　85
東奈良遺跡（大阪府茨木市）　77
樋本遺跡（岡山県総社市）　41
百間川遺跡群（岡山県岡山市）　109
百間川今谷遺跡（岡山県岡山市）　40
百間川兼基遺跡（岡山県岡山市）　40
百間川沢田遺跡（岡山県岡山市）　40
百間川原尾島遺跡（岡山県岡山市）　40
百間川米田遺跡（岡山県岡山市）　40
平敷屋トウバル遺跡（沖縄県うるま市）　140
平原1号墓（福岡県糸島市）　151, 158

陛城洞遺跡（韓国）　68
藤江別所遺跡（兵庫県明石市）　159
船山遺跡（岡山県備前市）　40
文京遺跡（愛媛県松山市）　105
興洞（韓国）　76

坊主沢遺跡（青森県中泊町）　123
北亭貝塚（韓国）　76
ホケノ山古墳（奈良県桜井市）　54
堀部第1遺跡（島根県松江市）　23, 24, 27, 32

マ　行

前池内遺跡（岡山県岡山市）　40
曲り田遺跡（福岡県糸島市）　62, 68
纒向遺跡（奈良県桜井市）　48
枡形囲遺跡（宮城県多賀城市）　10
松本遺跡（福岡県北九州市）　92

三雲南小路遺跡（福岡県糸島市）　150, 157
三須畠田遺跡（岡山県総社市）　41
三須美濃田遺跡（岡山県総社市）　41
三沢北中尾遺跡（福岡県小郡市）　71, 90
三手向原遺跡（岡山県岡山市）　41
南方遺跡（岡山県岡山市）　40
南溝手遺跡（岡山県総社市）　41
宮ノ本遺跡（長崎県佐世保市）　123

諸上遺跡（岡山県総社市）　41

目久美遺跡（鳥取県米子市）　23
目黒上山遺跡（岡山県岡山市）　40
梅谷洞（韓国）　76
木綿原遺跡（沖縄県読谷村）　142
門前池遺跡（岡山県赤磐市）　40

ヤ 行

屋我地貝塚（沖縄県名護市）　138
矢藤治山古墳（岡山県岡山市）　54
矢留堂ノ前（福岡県行橋市）　72
矢野遺跡（島根県出雲市）　26
矢部堀越遺跡（岡山県倉敷市）　40
矢部南向遺跡（岡山県倉敷市）　46
山の寺遺跡（長崎県南島原市）　90
良洞里遺跡（韓国）　69
梁山北亭洞（韓国）　76

湯迫車塚古墳（岡山県岡山市）　151，158

用木山遺跡（岡山県赤磐市）　40
吉武遺跡群（福岡県福岡市）　91
吉武高木遺跡（福岡県福岡市）　91
吉野ヶ里遺跡（佐賀県神埼市・吉野ヶ里町）
　71
吉野口遺跡（岡山県岡山市）　40
四絡遺跡群（島根県出雲市）　23

編者略歴

藤尾　慎一郎
（ふじ　お　しん　いち　ろう）

1981 年　広島大学文学部史学科（考古学専攻）卒業
1986 年　九州大学大学院文学研究科考古学専攻
　　　　博士後期課程単位取得退学
現　在　国立歴史民俗博物館副館長・研究総主幹
　　　　博士（文学）
著書に『弥生時代の歴史（講談社現代新書）』講談社（2015），
『弥生文化像の新構築』吉川弘文館（2013），
共編著に『弥生研究のあゆみと行方』同成社（2011）などがある．

国立歴史民俗博物館研究叢書 1
弥生時代って，どんな時代だったのか？　定価はカバーに表示

2017 年 3 月 25 日　初版第 1 刷

編　者　藤　尾　慎　一　郎
発行者　朝　倉　誠　造
発行所　株式会社　朝　倉　書　店

東京都新宿区新小川町 6-29
郵便番号　162-8707
電話　03（3260）0141
FAX　03（3260）0180
http://www.asakura.co.jp

〈検印省略〉

© 2017〈無断複写・転載を禁ず〉　　　　　教文堂・渡辺製本

ISBN 978-4-254-53561-7　C 3321　　Printed in Japan

JCOPY　<（社）出版者著作権管理機構　委託出版物>
本書の無断複写は著作権法上での例外を除き禁じられています．複写される場合は，そのつど事前に，（社）出版者著作権管理機構（電話 03-3513-6969，FAX 03-3513-6979，e-mail: info@jcopy.or.jp）の許諾を得てください．

歴博 関沢まゆみ編　新谷尚紀・武井基晃著
国立歴史民俗博物館研究叢書 2

民俗学が読み解く　葬儀と墓の変化

53562-4 C3321　　　A 5 判 176頁 本体3400円

近年，土葬に火葬，ホール葬の広がり，身内が行なっていた葬儀を第三者が行なうなど，葬送墓制が大きく変化してきた。それは，遺体，遺骨，死に対する日本人の観念まで変えつつある。その多様な変化を，歴博の最新の研究をもとに示す。

文化財虫菌害研 三浦定俊・東文研 佐野千絵・九博 木川りか著

文化財保存環境学（第2版）

10275-8 C3040　　　A 5 判 224頁 本体3500円

好評テキストの改訂版。学芸員資格取得のための必修授業にも対応し，自主学習にも最適。資格取得後も役立つ知識や情報が満載。〔内容〕温度／湿度／光／空気汚染／生物／衝撃と振動／火災／地震／気象災害／盗難・人的破壊／法規／倫理

国立歴史民俗博物館監修

歴 博 万 華 鏡（普及版）

53017-9 C3020　　　B 4 判 212頁 本体24000円

国立で唯一，歴史と民俗を対象とした博物館である国立歴史民俗博物館（通称：歴博）の収蔵品による紙上展覧会。図録ないしは美術全集的に図版と作品解説を並べる方式を採用せず，全体を 5 部（祈る，祭る，飾る，装う，遊ぶ）に分け，日本の古い伝統と新たな創造の諸相を表現する項目を90選定し，オールカラーで立体的に作品を陳列。掲載写真の解説を簡明に記述し，文章は読んで楽しく，想像を飛翔させることができるように心がけた。巻末には詳細な作品データを付記

前歴博 小島美子・前慶大 鈴木正崇・
前中野区立歴史民俗資料館 三隅治雄・前国学院大 宮家　準・
元神奈川大 宮田　登・中部大 和崎春日監修

祭・芸能・行事大辞典
【上・下巻：2 分冊】

50013-4 C3539　　　B 5 判 2228頁 本体78000円

21世紀を迎え，日本の風土と伝統に根ざした日本人の真の生き方・アイデンティティを確立することが何よりも必要とされている。日本人は平素なにげなく行っている身近な数多くの祭・行事・芸能・音楽・イベントを通じて，それらを生活の糧としてきた。本辞典はこれらの日本文化の本質を幅広い視野から理解するために約6000項目を取り上げ，民俗学，文化人類学，宗教学，芸能，音楽，歴史学の第一人者が協力して編集，執筆にあたり，本邦初の本格的な祭・芸能辞典を目指した

元学芸大 阿部　猛編

日 本 古 代 史 事 典

53014-8 C3521　　　A 5 判 768頁 本体25000円

日本古代史の全体像を体系的に把握するため，戦後の研究成果を集大成。日本列島の成り立ちから平安時代末期の院政期，平氏政権までを収録。各章の始めに概説を設けて全体像を俯瞰，社会経済史，政治史，制度史，文化史，生活史の各分野から選んだ事項解説により詳述する。日本古代史に関わる研究者の知識の確認と整理，学生の知識獲得のため，また歴史教育に携わる方々には最新の研究成果を簡便に参照，利用するために最適。日本史の読みものとしても楽しめる事典

元学芸大 阿部　猛・元学芸大 佐藤和彦編

日 本 中 世 史 事 典

53015-5 C3521　　　A 5 判 920頁 本体25000円

日本および日本人の成立にとってきわめて重要な中世史を各章の始めに概説を設けてその時代の全体像を把握できるようにし，政治史，制度史，社会経済史，生活史，文化史など関連する各分野より選んだ約2000の事項解説によりわかりやすく説明。研究者には知識の再整理，学生には知識の取得，歴史愛好者には最新の研究成果の取得に役立つ。鎌倉幕府の成立から織豊政権までを収録，また付録として全国各地の中世期の荘園解説と日本中世史研究用語集を掲載する

上記価格（税別）は 2017 年 2 月現在